R. Mirus

Das Treffen bei Wartenburg am 03. Oktober 1813

R. Mirus

Das Treffen bei Wartenburg am 03. Oktober 1813

ISBN/EAN: 9783743380547

Hergestellt in Europa, USA, Kanada, Australien, Japan

Cover: Foto ©ninafisch / pixelio.de

Manufactured and distributed by brebook publishing software (www.brebook.com)

R. Mirus

Das Treffen bei Wartenburg am 03. Oktober 1813

Das

Treffen bei Wartenburg,

am 3. Oktober 1813.

Von

R. Mirus,

Königl. Preußischem Oberst-Lieutenant
und Kommandeur des 3. Garde-Ulanen-Regiments.

Mit einem Plane.

Der Erlös ist der Landesstiftung „Nationaldank für Veteranen" zugewiesen.

Berlin, 1863.
Gedruckt und in Commission bei E. S. Mittler und Sohn.
(Kochstraße Nr. 69.)

Vorwort.

In der nachfolgenden Schilderung kann selbstredend nichts Neues von Belang enthalten sein; der Verfasser ist indeß bemüht gewesen, das ihm aus den allgemein bekannten Quellen zugegangene Material durch einige in Archiven aufgefundene Notizen, sowie durch Rekognoszirung des Schlachtfeldes und durch Nachfragen zu ergänzen, welche letztere er bei Theilnehmern an dem Treffen bei Wartenburg und bei Einwohnern der umliegenden Ortschaften angestellt hat. — Als Anhalt ist die im Militair-Wochenblatt für das Jahr 1844 befindliche Arbeit über die schlesische Armee benutzt worden; wo davon abgewichen ist, haben entscheidende Gründe vorgelegen.

Indem der Verfasser allen Denen seinen verbindlichsten Dank ausspricht, die ihm Nachrichten über das denkwürdige

Treffen zugeführt haben, bemerkt er noch, daß er auch manches weniger erhebliche Detail gern benutzt hat, um dem ihm mehrfach kund gewordenen, speciellen und lokalen Interesse zu entsprechen.

Potsdam im August 1863.

Inhalt.

	Seite.
Die schlesische Armee und ihre Beziehungen zur Nord-Armee gegen Ende des Septembers und am Anfange des Oktobers 1813	1
Die Festungen Torgau und Wittenberg im Herbst 1813	21
Die Stellung der beiderseitigen Haupt-Heere zu Anfang Oktobers 1813	24
Das Treffen bei Wartenburg am 3. Oktober 1813	26
Die nach dem Treffen, bei Wartenburg aufgeführten Befestigungs-Arbeiten	95
Die nächsten Folgen des Treffens bei Wartenburg	101
Beilage 1. Ordre de bataille des 1. preußischen Armee-Korps im Herbst 1813	105
Beilage 2. Formation des 1. preußischen Armee-Korps am 3. Oktober 1813	111
Beilage 3. Ordre de bataille des 4. französischen Armee-Korps im Herbst 1813	113

Druckfehler.

Seite 9 Z. 15 v. u. lies: „der" statt: zur.
= 16 = 16 v. u. lies: „unterhalb Elster" statt: unterhalb der Elster.
= 46 = 8 v. o. lies: „Falkenweiden = Streng" statt: Falkenwerber-Streng.
= 49 = 9 v. u. das Wort „aber" zu streichen und dasselbe Z. 8 v. u. nach „Kosecky" einzuschalten.
= 64 = 11 v. u. lies: „NN" statt MM.
= 67 = 4 v. o. lies: „H" statt H'.
= 77 = 9 v. o. lies: „Pettingkofer" statt: Pettenkofer.
= 77 = 12 v. u. lies: „h'" statt h".
= 79 1ste Anm. Z. 1 v. o. nach „Regiment" ein Komma einzuschalten.
= 96 Z. 6 v. u. die Parenthese nach „Kempski" fällt fort, dagegen ist sie Z. 4 v. u. nach „⅔ Russen" einzuschalten.
= 98 = 10 v. u. lies: „Dabrun" statt: Dalrun.
= 99 = 3 v. o. lies: „Tage" statt Zeit.
= 105 = 11 v. o. lies: „Selasinsky" statt Sulasinsky.
= 109 = 13 v. o. lies: „v. Briesen" statt: v. Bliesen.

Die schlesische Armee und ihre Beziehungen zur Nord-Armee gegen das Ende des Septembers und am Anfange des Oktobers 1813.

Der Verlust der Schlacht bei Dennewitz war für den Fortgang des Feldzuges entscheidend; er beschränkte Napoleon auf die Defensive.

Am 7. September schrieb Ney an den Kaiser: „. . . . j'ai été battu complétement, je ne sais point encore si toute mon armée est raillée,". . . . er fügte hinzu, daß er für Napoleons linke Flanke Besorgniß hege, ihm rathe, die Elbe aufzugeben und auf die Saale zurückzugehen. — Dem Kommandanten von Wittenberg zeigte er unmittelbar nach der Schlacht an, daß er nicht mehr Herr der Armee sei, sie versage ihm den Gehorsam und habe sich aufgelöst, er (der Kommandant) möge danach seine Maßregeln ergreifen!

In einem späteren Bericht an den Kaiser schrieb er sogar: „le moral des généraux et en général des officiers est singulièrement ébranlé."

So niedergedrückt, so vernichtet war der unternehmendste General Napoleons, und doch ließ es der Oberbefehlshaber der verbündeten Nord-Armee geschehen, daß Ney, der bald die oft bewährte Regsamkeit wieder gewann, seine Armee auf dem linken Elbufer, unter den Kanonen von Torgau, reorganisiren konnte.

Daß dies nach der Auflösung des französischen Heeres bei Dennewitz, überhaupt nach so kurzer Zeit möglich sein würde, hatte Ney selbst nicht geglaubt. — Der Kronprinz von Schweden entwarf die bekannten Bulletins über den errungenen Sieg*) und folgte dem Feinde nur langsam bis zur Elbe; dort trat völliger Stillstand ein, der erst nach dem Rechtsabmarsch der schlesischen Armee von Bautzen her, ein Ende erreichte.

Die Folgen des Schlages, den Ney erlitten hatte, waren zu sehr zu befürchten, als daß es Napoleon, wie nach der Schlacht bei Groß-Beeren, hätte wagen können, den Franzosen die stattgehabten Verluste zu verheimlichen. Er suchte sonach einen der französischen Eitelkeit paßlichen Grund zu ersinnen, weshalb die Schlacht verloren sei, und erklärte als solchen, das Verhalten der ihm verbündeten sächsischen Truppen. Es hatten dieselben bei Dennewitz mit der größten Tapferkeit gefochten; jetzt wurden sie, trotz der entgegengesetzten Versicherungen des eigenen kommandirenden Generals**), als die Veranlassung zu der verlorenen Schlacht hingestellt und in den nach Paris geschickten Bulletins ungerecht verläumdet***).

Die schweren Verluste, welche Ney bei Dennewitz erlitten hatte, veranlaßten den Kaiser, das 12. Korps (Oudinot) aufzulösen und mit den Resten desselben die beiden anderen Korps der Ney'schen Armee, namentlich das 7., zu kompletiren. So wurden 2 Divisionen des 12. Korps unter Guilleminot zu einer

---

*) Sechstes und folgende Bulletins des Kronprinzen von Schweden. Siehe Haude und Spenersche Berlinische Nachrichten Nr. 109 vom 11. September 1813 und die folgenden Nummern. — Ingleichen Varnhagen v. Ense, Leben des Generals, Grafen Bülow v. Dennewitz. S. 258.

**) Ordres du jour du général Reynier; 9ième Septembre 1813.

***) Baron Fain, Kabinetssecretair des Kaisers, sagt in seinem manuscrit de 1813 Tome II. pag. 328: „.... et dans cette seconde affaire comme dans la première, ce sont nos alliés, les Saxons, qui nous ont fait perdre le champ de bataille ...." „A leur approche, — (des réserves suédoises et russes) — il a bien fallu céder, et l'on manoeuvrait pour se retirer. Dans ce moment une terreur panique a saisi les Saxons. En lâchant pied, ils ont ouvert le centre de notre ligne et des torrens d'hommes et de chevaux s'y sont précipités."

Das nannte man im französischen Hauptquartier Geschichte schreiben! —

vereinigt und dem 7. Korps überwiesen, 4 Bataillone Baiern aber, unter General-Lieutenant Ragliowich zur Besatzung nach Dresden herangezogen, hauptsächlich wohl um die große Zahl der deutschen Truppen bei der Ney'schen Armee zu verringern.

Von den zum 12. Korps gehörig gewesenen Kavallerie-Regimentern wurden das westphälische Garde-Chevauxlegers-Regiment und ein hessisches Chevauxlegers-Regiment, zusammen 7 Eskadrons unter dem Brigade-General Beaumont dem 4. Korps zugetheilt*).

Bei der sehr zusammengeschmolzenen württembergischen Division des 4. Korps wurden die Regimenter Nr. 9 und 10 zu einem Bataillon leichter Infanterie vereinigt. Die Infanterie-Regimenter Nr. 1, 4, 6 bildeten fortan das 1. 2. 3. kombinirte Linien-Infanterie-Bataillon. Was von den Regimentern Nr. 2 und 7 noch vorhanden war, wurde unter die neuformirten Bataillone vertheilt. Diesen 4 Bataillonen wurden 6 Geschütze beigegeben.

Die württembergischen Kavallerie-Regimenter Nr. 1 und 3 wurden jedes zu 1 Eskadron à 3 Züge formirt, die denn im Verlaufe des Feldzuges durch Patrouillen 2c. dermaßen in Anspruch genommen wurden, daß dem Divisions-Kommandeur fast Nichts zur Verfügung blieb.

Die Armee des Marschalls Ney, zu welcher außer dem 4. und 7. Korps auch noch das 3. Kavallerie-Korps (Arrighi, Herzog von Padua)**) gehörte, war nach ihrer Reorganisation etwa 35,000 Mann stark.

---

*) Die Stärke der Brigade Beaumont in dem Treffen von Wartenburg wird verschieden auf 7, 8 und 12 Eskadrons angegeben. Namentlich wird als zweifelhaft bezeichnet, ob ein baierisches Chevauxlegers-Regiment, welches zu dieser Brigade gehört hatte, noch dabei war. Vgl.: Starklof, Geschichte des Königl. Württembergischen 2. Reiter-Regiments 2c. Leipzig, 1862.

**) Eine Division des 3. Kavallerie-Korps war in Gemeinschaft mit der Division Dombrowski (27.) gegen die im Rücken der französischen Heere operirenden Freikorps detachirt.

Die Zusammensetzung des 4. Korps, mit dem wir es hier näher zu thun haben, findet sich in der beigefügten Ordre de bataille*). Es kann dasselbe danach in dem Treffen bei Wartenburg nicht mit mehr als etwa 15,000 Mann aufgetreten sein**).

Es unterlag keinem Zweifel, daß für die Nord-Armee, nach der Schlacht von Dennewitz, eine schleunige und nachhaltige Verfolgung Ney's, ein entschlossenes Uebergehen über die Elbe und eine Diversion in die linke Flanke der großen französischen Armee vorgezeichnet waren. Die verbündete böhmische Armee und wohl mehr noch, die schlesische Armee würden aus einer solchen, fast gefahrlosen Operation erwünschtesten Anlaß zu Offensiv-Bewegungen erhalten haben, und wahrscheinlich würde dann durch das Vorgehen von beiden Flügeln der verbündeten Armeen, Napoleon schon früher und vielleicht noch vollständiger geschlagen worden sein, als es 1½ Monat später bei Leipzig geschah.

Statt solcher Unternehmungen wurde, wie wir schon berührt haben, der Sieg bei Dennewitz gar nicht benutzt. Ney entschlüpfte, wenig belästigt, über die Elbe; die Nord-Armee folgte ihm ohne Nachdruck nur bis zu diesem Fluß, und gab ihm jenseits volle Ruhe, sein geschlagenes Heer zu reorganisiren***).

Am 11. ging der Kronprinz nach Seyda, am 12. nach Koswig und am 13. nach Zerbst, wo er bis nach dem Treffen von Wartenburg blieb.

---

*) Beilage 3: Ordre de bataille des 4. französischen Armee-Korps im Herbst 1813.

**) Militair-Wochenblatt, Beiheft für November und Dezember 1844, S. 285. — Plotho giebt Th. 2, S. 282, die Stärke wohl zu hoch auf 20,000 Mann an.

***) General Vaudoncourt schreibt hierüber in seiner histoire de la guerre soutenue par les François en 1813 en Allemagne pag. 180: „Après la bataille de Jüterbogk le prince royal de Suède, avait transporté son quartier général dans cette ville où il resta pendant cinq jours sans doute dans l'attente d'une nouvelle tentative du prince de la Moskowa."

So sehr sich die ihm untergebenen Generale, namentlich Bülow, bemüheten ihn zur Initiative zu bewegen, so geschah doch nichts, als daß bei Elster, Roßlau und Aken Brücken gebaut wurden, von denen die erstere wieder abgebrochen wurde, als sich Ney gegen Wartenburg vorbewegte. Aken ließ der Kronprinz befestigen, Roßlau mit einem Brückenkopf versehen.

General-Lieutenant Baron Adlerkreutz, Chef des Generalstabes des Kronprinzen, suchte das Verhalten desselben zu erklären, indem er an Bülow schrieb: „..... Le prince royal me charge en même temps, de Vous informer, mon général, qu'il regarde la possession de Wittenberg comme condition nécessaire à toute opération sur la rive gauche de l'Elbe."

Bülow versuchte alles ihm nur Mögliche, dem Kronprinzen eine andere Anschauung beizubringen; er stellte ihm vor, daß der Besitz Wittenbergs nicht von wesentlichem Belang sei, daß die Festung, nur auf dem rechten Ufer belagert, nicht genommen werden könne, daß man also über den Fluß hinüber müsse, um den Platz einzuschließen. Alles vergeblich; der Kronprinz wollte nicht, und mit diesem Willen hatte er ja die Macht, Bülow zur Ruhe zu verweisen, und wenn er später in einem Tagesbefehl die für diesen so schwer verletzenden Worte sagte: „..... D'ailleurs le général Bülow est prévenu que les mouvements de la grande armée du nord ont été jusqu'ici paralysés par la faiblesse des ouvrages devant Wittenberg*)" — so kennzeichnet dies eben nur die Auffassung des Kronprinzen noch genauer. Er erachtete es nicht für entsprechend, über die Elbe zu gehen und zog es vor, seine Armee fast einen Monat lang, ohne jegliche größere Unternehmung auf dem rechten Ufer, in einer Ausdehnung von 14 Meilen aufzustellen, — General v. Wobeser bei Uebigau an der Elster im linken Flügel, die Generale Baron

---

*) Varnhagen v. Ense, Leben Bülows.

Wintzingerode und Graf Woronzow bei Zerbst im rechten Flügel! —*).

Bevor wir in unserer Schilderung weiter vorschreiten, dürfte es nöthig sein, sich die Stimmung und die Ansichten zu vergegenwärtigen, welche zu dieser Zeit in den beiderseitigen großen Hauptquartieren herrschten.

Napoleon erkannte zuverlässig, daß er nach den jüngst verlorenen Schlachten nicht im Stande sein würde, die Elbe zu behaupten. Ney hatte ihm, wie wir schon erwähnten, gerathen, jene Stellung aufzugeben und sich auf die Saale zurückzuziehen. Nichts desto weniger konnte er sich nicht dazu entschließen, und wenn sich ihm die Nothwendigkeit zum Rückzuge aufdrängte, zwang er seine Gedanken, von dem Gegenstande abzuspringen und sich eher mit fernliegenden Dingen, als mit dem Nächsten und Nothwendigsten zu beschäftigen. Die Ueberzeugung, die er haben mußte, daß das Festhalten von Dresden, Torgau, Wittenberg und Magdeburg ihm an der mittleren Elbe keinen Halt mehr geben könne, wollte sich nicht in Uebereinstimmung bringen lassen mit den alten Weltbeherrschungs-Ideen. Er gab sich gegen sein besseres Wissen Täuschungen hin, konnte zu keinem Resultat kommen und verlor eine kostbare Zeit, deren Ablauf nur dadurch weniger nachtheilig für ihn wurde, daß man einerseits im großen Hauptquartier der Verbündeten nicht schnell zu Entschlüssen vorging, und daß andererseits der Kronprinz von Schweden bei seinem Zögern verharrte. Napoleon war ein anderer geworden, seine Umgebung erkannte ihn nicht mehr; milde, ja weich, unschlüssig hin und her reisend, dann mal

---

*) Fast launig, jedenfalls aber bezeichnend, nennt Napoleon das Auf-der-Stelle-Treten der Nord-Armee „ein Piaffiren!" Vauboncourt sagt hierüber a. a. O. pag. 180: „Le prince de Suède ne voulant pas tenter le passage de l'Elbe avant que les autres armées coalisées n'eussent repris l'offensive et d'un autre côté l'armée du prince de la Moskowa étant trop faible, pour rien entreprendre, on resta de part et d'âutre dans l'inaction sur ce point."

Stöße ohne besonderen Nachdruck gegen den ihm zur Hand stehenden Blücher führend, war bei ihm das Uebelste, was für ihn sein konnte, — er hatte keine eigentliche Operationsbasis mehr, — er verblieb in eigensinniger, störrischer Laune bei dem Festhalten der Elbe und spekulirte für die nächste Zukunft nur noch auf die Fehler seiner Gegner, die schon um deshalb nicht eintraten, weil die Verbündeten nichts Wesentliches unternahmen*).

Im großen Hauptquartier der Verbündeten, wo für den Fürsten Schwartzenberg, durch Rücksichten verschiedener Art, manche Schwierigkeiten entstanden, gelangten die Entschlüsse nur langsam zur Reife. Ohnerachtet der errungenen Vortheile und der numerischen Ueberlegenheit, wurde äußerste Vorsicht für nothwendig erachtet. Die Unthätigkeit des Kronprinzen von Schweden gab keine Veranlassung zum Handeln, und so beschränkte man sich einstweilen, die weiteren Operationspläne zu entwerfen und auf das Eintreffen der vom Freiherrn v. Benningsen herangeführten polnischen Armee zu warten.

Im Hauptquartier der schlesischen Armee war es anders; da sah man, wie die Verhältnisse lagen und wie allein durch ein schnelles Vorschreiten, dem Feldzuge ein glücklicher Fortgang zu geben sei. Der Sieg bei Dennewitz hatte so unzweifelhaft vorgezeichnet, wie die Nord-Armee ferner zu operiren habe, daß bei Blücher und seinem Stabe sehr bald die Anschauung Platz griff, daß die schlesische Armee im Verein mit der Nord-Armee, auf dem linken Elbufer, gegen die Rückzugslinie Napoleons wirken und so den Halbkreis verengen müsse, den die Verbündeten um die französische Hauptmacht herum bildeten. Die ausbleibende Benutzung des Sieges von Dennewitz fiel um so schwerer in die Wagschaale, als es bald bekannt wurde, daß jener Sieg jedenfalls ohne Zuthun des Kronprinzen von Schweden durch Bülow erfochten

---

*) Vgl.: Frhr. v. Odeleben, Napoleons Feldzug in Sachsen im Jahre 1813. 3. Abschnitt.

sei. Auf ein kräftiges Einschreiten der Nord-Armee, um Napoleon entscheidend zu vernichten, war nach den Vorgängen nicht zu rechnen; die Berichte Bülows und Tauentziens gingen über jeden Zweifel hinaus, und so entstand bei Blücher und seiner nächsten Umgebung der große Gedanke, wenn nicht mit der Nord-Armee, auch ohne dieselbe, die Elbe zu überschreiten, jedenfalls aber zu versuchen, sie mit sich zu Offensiv-Unternehmungen fortzureißen.

Blücher und Gneisenau erkannten sehr wohl, daß solches Vorgehen nicht ohne große Schwierigkeiten zu bewerkstelligen sein würde, sie erkannten dies um so mehr, als sie wußten, daß im großen Hauptquartier einige Ungunst gegen sie herrsche. Jenes lebensfrische, zu Thaten drängende Element, welches in der schlesischen Armee vorwaltete, wurde in Teplitz von mancher Seite um so wenigee günstig angesehen, als sich Blücher nach Möglichkeit jedem hemmenden Einfluß zu entziehen gewußt hatte. Diese Ungunst richtete sich, aus Gründen verschiedener Art, hauptsächlich gegen den Chef seines Generalstabes, ja fand sie doch selbst bei einzelnen Generalen der schlesischen Armee Zugang, so daß es Gneisenau nicht hoch genug angerechnet werden kann, daß er sich nicht beeirren ließ, in dem, was er als zum glücklichen Ausgange des Feldzuges für nothwendig erkannt hatte, daß er nicht abließ, von der einmal kühn erfaßten Unternehmung, welche das schlesische Heer dem Feinde schnell gegenüberführte und dem Kriege eine entscheidende glückliche Wendung gab*).

Während der Gedanke des Rechts-Abmarsches der schlesischen Armee und des Ueberganges derselben über die Elbe sich in Blüchers Hauptquartier ausbildete, erhielt dieser plötzlich den Be-

---

*) „Blücher," sagt v. Bernhardi in seinem Leben des Generals Grafen Toll, 3. Theil, S. 351, „bewährte hier die großen Führer-Eigenschaften, die ihn auszeichneten, den richtigen Blick für die Verhältnisse im Großen, die unwandelbare Festigkeit des Charakters, die kühne und großartige Gleichgültigkeit in Beziehung auf Alles, was persönliche Verantwortung und überhaupt seine persönlichen Verhältnisse betraf."

fehl, sich mit der böhmischen Armee zu vereinigen. Natürlich mußte Alles versucht werden, um diese Ordre rückgängig zu machen; Major Rühle von Lilienstern, vom Generalstabe, wurde mit der desfallsigen schwierigen Mission beauftragt, deren Haupttendenz darin lag, gemeinschaftliche Operationen herbeizuführen.

Am 18. September kehrte Rühle von Teplitz zurück und brachte in einem Schreiben des General-Adjutanten v. d. Knesebeck die Zustimmung der Monarchen zu allen Vorschlägen Blüchers mit, also auch zu dem Rechtsabmarsche der schlesischen Armee und dem daraus folgenden Uebergehen zu offensiven Unternehmungen*).

Wenn nun auch der Rechtsabmarsch und der Uebergang über die Elbe in dem Hauptquartier der schlesischen Armee eine feststehende Sache geworden war, so war es doch unzulässig, die Bewegung sofort einzuleiten. Vor Allem hatte Blücher die Ankunft der polnischen Armee unter Benningsen, welche nun, anstatt zur schlesischen, zur böhmischen Armee eintreten sollte, abzuwarten, resp. deren Marsch zu decken. Außerdem beabsichtigte Blücher, um bei seinem Marsche in der linken Flanke bis an die Elbe hin ungefährdet zu sein, den Feind bei Großenhayn anzugreifen und sich dazu der Beihülfe Tauentziens zu versichern, soweit es diesem möglich sein würde, sich von den direkten Befehlen des Kronprinzen loszumachen.

Bevor noch diese Pläne zur Ausführung kamen, wurde Blücher am 22. und 23. bei Bischofswerda abermals von Napoleon angegriffen, der sich jedoch demnächst auf Dresden und Meißen zurückzog. Zu diesem Rückzuge trug die übrigens falsche Meldung Ney's mit bei, daß die Brücke bei Elster beendigt sei. Napoleon folgerte daraus die Wahrscheinlichkeit des Ueberganges der Nord-Armee über die Elbe.

---

*) Dieses Schreiben ist bald nach dem Eingange desselben vernichtet worden, um den Inhalt geheim zu halten.

Benningsens Ankunft beim böhmischen Heere, — seine Avantgarde überschritt am 26. bei Leitmeritz die Elbe, — war für Blücher der Zeitpunkt, seinen Rechtsabmarsch anzutreten. Das Geheimniß über denselben war bis zum Tage der Ausführung vollständig bewahrt. Außer Blücher, Gneisenau, Müffling und Rühle wußte durchaus Niemand von dem Vorhaben. Um so größer war die Ueberraschung, als der Tagesbefehl vom 25. die Absichten enthüllte. Selbst höhere und als intelligent bekannte Offiziere regten die ernstesten Bedenken über das Projekt an*).

Allein nicht blos derartige Schwierigkeiten untergeordneter Natur, auch bedeutsamere Hemmnisse traten Blücher noch im letzten Augenblick und während des Marsches entgegen.

Die bei den preußischen Generalen der Nord-Armee, sowie bei der schlesischen Armee herrschende Mißstimmung gegen den Kronprinzen von Schweden war im großen Hauptquartier bekannt geworden; der König von Preußen war nicht einverstanden damit und sprach sich auf das Bestimmteste gegen eine Schmälerung der dem Kronprinzen übertragenen Befehlshaberstellung aus.

Vom Kaiser Alexander erhielt Blücher am 29. ein vom 25. datirtes Schreiben, in welchem die Besorgniß ausgedrückt wird, Na-

---

*) Ein preußischer General stellte in einer Denkschrift die Gefahren des Unternehmens dar und leitete aus dem schlechten Zustande, in dem sich die schlesischen Festungen befanden, die Nothwendigkeit her, eine Bewegung zu unterlassen, welche sie den Angriffen des Feindes blosstellte. — Der in Blüchers Hauptquartier kommandirte Flügel-Adjutant des Kaisers Alexander, Oberst Graf Theyl, ein alter Freund Blüchers, protestirte sogar gegen das Unternehmen und forderte, das Projekt solle den Generalen zur Beschlußnahme vorgelegt werden. Blücher blieb fest und wies ihn mit den Worten zurück: „Seid ruhig, alter Freund, es ist Alles reiflich erwogen!" Theyl protestirte weiter. Blücher stutzte, sah ihn mit großen Augen an und erwiderte: „Herr Oberst, der Kaiser, Ihr Herr, hat Sie hierher gesendet, um ihm zu berichten, wozu ich Ihnen alle Materialien mit der größten Bereitwilligkeit liefere. Wenn Sie gegen meine erlassenen Befehle protestiren, so fallen Sie gänzlich aus der Ihnen zugetheilten Rolle; Sie sind nicht zu meinem Rathgeber bestellt! Deshalb verbitte ich mir Ihre Redensarten, und empfehle mich," womit er ihn stehen ließ. Frhr. von Müffling. Aus meinem Leben. S. 83.

poleon möchte sich bei dem projektirten Linksabmarsch der böhmischen Armee auf den in Böhmen zurückzulassenden Benningsen werfen. Für solchen Fall solle Blücher „bei Pirna" über die Elbe gehen und Napoleon in den Rücken fallen. — Der Inhalt des Kneseseckschen Schreibens war völlig außer Beachtung gelassen; er schien vergessen zu sein. Was sollte Blücher thun? — Wir werden gleich berichten, daß er am 26. September von Bautzen in nördlicher Richtung abmarschirt war; — sollte er umkehren und auf Eventualitäten warten, welche fern lagen? — Langes Zögern war nicht seine Weise, — er entschied sich kurz dahin, daß der Marsch fortzusetzen, da das Schreiben des Kaisers zu einer Zeit aus Teplitz abgefertigt sei, wo der Abmarsch der schlesischen Armee dort noch nicht bekannt gewesen.

Schnelles und den Kronprinzen fortreißendes, ihn zum Miteingreifen bestimmendes Handeln wurde mit jedem Augenblicke nöthiger. Zog sich Napoleon bei Dresden und Meißen gänzlich ab, und bewirkte er seine Konzentration mit den bereits zurückgenommenen Korps etwa hinter der Saale, so war von der Unternehmung Blüchers nicht mehr der Erfolg zu erwarten, der jetzt in Aussicht stand. — Dabei drängten die preußischen Generale der Nord-Armee mehr und mehr zum Handeln*).

Blücher blieb sonach entschlossen, den Uebergang der schlesischen Armee zu bewirken, trotz der großen, sich diesem Unternehmen entgegenstellenden Schwierigkeiten, zu welchen schließlich noch die bezüglich der Wahl des Uebergangspunktes hinzutrat. Blücher wie Gneisenau neigten sich für Mühlberg, obgleich sich gegen diese Wahl manches Bedenken erhob.

---

*) Bülow sowohl wie Tauentzien waren dabei nichts weniger, als subtil in ihren Ausdrücken. So hatte Tauentzien unter dem 27. bezüglich des wieder stattgehabten Abbrechens der Brücke bei Elster an Blücher geschrieben: „Der große Feldherr auf dem rechten Flügel operirt auf eine Weise, daß es Gottes Wille sein muß, daß die Sachen noch so gut gehen!"

Unter diesen Umständen ward der Rechtsabmarsch zwar angetreten, jedoch zugleich der Major v. Rühle mit einem mehrseitigen Auftrage der Armee vorausgesandt. Nach der Erwähnung der Absicht, die Elbe zu überschreiten, heißt es in der ihm ertheilten Instruktion:

„.... Major Rühle erhält daher den Auftrag, schleunigst die Ufer der Elbe von Torgau gegen Wittenberg zu rekognosziren und einen Uebergangspunkt ausfindig zu machen, wo man mit den bei uns habenden Pontons, ohne auf die Beihülfe von Flößen und Schiffen zu rechnen, die Elbe passiren kann."

„Außer diesem Uebergangspunkt aber ist es von der höchsten Wichtigkeit, einen zweiten auszuwählen, welcher die Vortheile eines Brückenkopfes in der Art gewährt, daß eine Armee von 50,000 Mann, mit beiden Flügeln an die Elbe gelehnt, eine Schlacht gegen eine dreifache Macht mit Vortheil annehmen kann. Die Krümmungen der Elbe, der Mündung der Elster gegenüber, scheinen diese Vortheile am Sichersten zu vereinigen."

Die Instruktion spricht sich ferner dahin aus, daß die Sehne des Bogens als Front passager zu befestigen sein werde, so daß der Feind durch Batterien unter Kreuzfeuer genommen werden könne, und sagt, daß, da der Feind im Besitz von Torgau sei, die Einschließung sprengen und am rechten Elbufer herunter marschiren könne, es die Vorsicht erfordern werde, auch an der Elster Schanzen zu erbauen, in welchen sich 20,000 Mann mit Vortheil gegen Uebermacht schlagen könnten. In 5—6 Tagen müßten diese Werke so weit vollendet sein, daß man eine Schlacht darin annehmen könne*).

Außerdem erhielt Major von Rühle noch den Auftrag, die Generale v. Bülow und Graf Tauentzien zu sondiren, ob sie auch

---

*) Instruktion für den Major v. Rühle in Beziehung auf den Rechtsabmarsch der schlesischen Armee von Bautzen nach Elster. Militair-Wochenblatt 1847. Beiheft Oktober—Dezember S. IV.

ohne Genehmigung des Kronprinzen der schlesischen Armee über die Elbe zu folgen, — mindestens aber zu den Schanzarbeiten mitzuwirken geneigt sein würden.

Major v. Rühle trat am 26. September, dem 54. Geburtstage Yorks, gleichzeitig mit dem Aufbruch der schlesischen Armee, seine Rekognoszirungsreise an. Hauptmann v. Löllhöffel vom Generalstabe begleitete ihn. Er begab sich von Bautzen zunächst nach Liebenwerda zum General Graf Tauentzien und erhielt von diesem die Zusicherung, selbst gegen den Befehl des Kronprinzen in den Blücherschen Operationsplan, durch Uebergang seines Korps über die Elbe eingreifen zu wollen.

Bei Elster fand er die Brücke wieder abgebrochen, zugleich aber die Lokalität der ihm ertheilten Instruktion so entsprechend, daß er sich seinerseits für diesen Uebergangspunkt entschied. In Folge dessen wies er das in Elster unter dem Befehl des Oberst-Lieutenants v. Schon, Kommandeurs des 1. pommerschen Infanterie-Regiments, stehende Detachement des Bülowschen Korps an, die Vorbereitungen zur Wiederherstellung der Brücke sofort in Angriff zu nehmen.

Dies Detachement bestand aus:
dem 2. Bataillon 2. Kurmärkischen Landwehr-Infanterie-Regiments,
einer Kompagnie des ostpreußischen Jäger-Bataillons,
einer Eskadron des westpreußischen Ulanen-Regiments,
einer halben 6pfündigen Fuß-Batterie Nr. 19.

Am 29. wurde das Detachement, ebenfalls vom Bülowschen Korps aus, verstärkt durch:
das pommersche Grenadier-Bataillon,
6 Musketier-Kompagnien*) und
die 12pfündige Fuß-Batterie Nr. 4,

---

*) Das 1. Bataillon und wahrscheinlich 2 Kompagnien des 2. Bataillons 1. pommerschen Infanterie-Regiments.

welche Truppen gleicherweise unter den Befehl des Oberst-Lieutenants v. Schon gestellt wurden.

Den General v. Bülow fand Rühle zwar nicht minder dem Operationsplane Blüchers zugeneigt, doch zeigte er sich von dem Kronprinzen abhängiger, indem er dessen Hauptquartier näher stand. Nichts destoweniger verhieß er möglichste Mitwirkung. Gleichzeitig rieth General v. Bülow dem Major v. Rühle, sich selbst zu dem Kronprinzen zu begeben, um diesen durch die Mittheilung von dem bereits angetretenen Rechtsabmarsch der Blücherschen Armee zum Ueberschreiten der Elbe und zu weiterer Mitwirkung zu bewegen. Rühle hatte zu solchem direkten Einwirken auf den Kronprinzen keinen Befehl und zögerte; da kam zufällig ein von Blücher an den Kronprinzen abgesandter Feldjäger durch Rudersdorf, Bülows Hauptquartier. Rühle nahm ihm die Depesche ab und eilte mit derselben nach Zerbst. Nach einigen Schwierigkeiten gelang es Rühle, den Kronprinzen zu dem Versprechen zu gewinnen, daß die Nord-Armee ebenfalls in drei bis vier Tagen die Elbe passiren werde. Eine gegenseitige Unterstützung der beiden Armeen wurde verabredet, namentlich verhieß der Kronprinz bei dem Uebergange der schlesischen Armee bei Elster, zur Ableitung der Aufmerksamkeit des Feindes, von Roslau und Aken aus ernstlich demonstriren zu lassen.

Bei seiner Rückkehr fand Rühle die Arbeiten zur Wiederherstellung der Brücke bei Elster nur wenig vorgeschritten.

Die von ihm bei seinem Eintreffen im Hauptquartier berichteten Nachrichten über den Uebergangspunkt bei Elster, ingleichen die vorerwähnten Verheißungen des Kronprinzen bestimmten Blücher, den Gedanken, den Uebergang bei Mühlberg zu bewerkstelligen, aufzugeben und so schleunig als möglich bei Elster überzugehen. Ein vom 29. datirtes Schreiben des in das Hauptquartier des Kronprinzen kommandirten General-Majors Baron Krusemark, in welchem derselbe eine Sinnesänderung des Kronprinzen als wahrscheinlich bevorstehend andeutet, hatte bei diesem Entschluß mitgewirkt.

Wie General v. Krusemark es vermuthet, kam es auch. Kaum hatte Major v. Rühle den Kronprinzen verlassen, als dieser unter dem 30. an Blücher schrieb: „daß er erfahren habe, der Feind wende sich auf Wittenberg, — Bülow sei angegriffen!" Es wurde diese übrigens falsche Nachricht als ein Vorwand benutzt, um Blücher den zugesagten Beistand zu entziehen. Tauentzien, der mit der schlesischen Armee hatte über die Elbe gehen sollen, wurde mit seinem Korps zu Bülow befehligt; ja der Kronprinz wollte sogar Blücher veranlassen, Tauentzien zu folgen. — Diesen Zumuthungen, welche alles Verabredete in Frage stellten, legte der Kronprinz die besten Absichten unter; so findet sich in dem eben erwähnten Schreiben an Blücher die Stelle: „. . . . . . bien persuadé que l'intérêt et la cause générale vous étant aussi cher qu' à moi, vous mettrez en usage tous les moyens qui pourront hâter et assurer le succès de nos armes."

Blücher und Gneisenau ließen sich auch jetzt nicht irre machen; es blieb bei dem Uebergange der schlesischen Armee über die Elbe.

Am 25., von 7 Uhr Abends an, waren aus dem Hauptquartier Bautzen die Befehle zu dem Abmarsch der Armee ertheilt worden. Es war derselbe am 26. angetreten und zwar in der Stärke,

das Yorksche Korps von 26,000 Mann*),
= Sackensche =   = 14,000   =
= Langeronsche =   = 29,000   =

in Summa 69,000 Mann.

---

*) Siehe Beilagen 1 und 2; — Ordre de bataille des 1. preußischen Armee-Korps im Herbst 1813 — und Formation des 1. preußischen Armee-Korps am 3. Oktober 1813.

Wie bis zu dem Moment der Ausführung die Absicht zum Marsch vollständig geheim gehalten war, wurde es wichtig, daß auch diese Ausführung selbst dem Feinde verdeckt blieb. Zu dem Ende war General-Major Fürst Scherbatow mit dem 6. russischen Infanterie-Korps (vom Korps Langeron), welches durch 4 Kavallerie-Regimenter verstärkt war, im Ganzen mit 10,000 Mann zur Beobachtung von Dresden bei Bischofswerda und der Feldmarschall-Lieutenant Graf Bubna, welcher bisher mit seiner Division die Verbindung zwischen der Haupt-Armee und der schlesischen Armee bewirkt hatte, nachdem er ebenfalls angemessen verstärkt war, bei Stolpen stehen geblieben*).

Mühlberg blieb vom 4., wurde dann vom 1. preußischen Korps und schließlich vom Sackenschen Korps besetzt.

Das Sackensche Korps demonstrirte gegen Meißen, welches später von den Streif-Korps des Obersten Fürst Madatoff und des Majors von Falkenhausen beobachtet wurde.

Die Vortruppen der schlesischen Armee waren bis an die Elbe herangeschoben, die noch auf dem rechten Ufer befindlichen Abtheilungen des Feindes über den Fluß geworfen.

Hinter diesem Schirme fort marschirte die schlesische Armee bis nach Elster. Es gelang ihr vollständig, den Marsch dem Feinde geheim zu halten, so daß Napoleon die schlesische Armee noch möglicherweise bei Bautzen vermuthete, als sie bereits an der Mulde stand**).

---

*) Rühle v. Liliensterns Biographie. Militair-Wochenblatt-Beiheft Oktober—Dezember 1847.

**) Unter dem 4. Oktober schrieb Berthier an Macdonald: „Der Kaiser verlangt bestimmt zu wissen, was aus dem Korps von Langeron, Sacken und York geworden ist."

Die schlesische Armee marschirte, wie nachfolgend angegeben ist:

T.	Monat.	Haupt-quartier.	Korps **York.**	Korps **Langeron.**	Korps **Sacken.**
26.	September.	Bautzen.	Kamenz. Avantgarde: Front gegen Radeberg.	Mariastern. Avantgarde: Elster.	(Tete der Armee.) Schwosdorf zwischen Kamenz und Königsbrück.
27.	do.	Königsbrück.	Krakau. Avantgarde vorwärts Radeburg.	Königsbrück. Avantgarde: gegen Okrilla.	Großenhayn
28.	do.	Elsterwerda.	(Tete der Armee.) Elsterwerda. Avantg. bis Großenhayn	Ortrand *). Avantgarde: Königsbrück.	Blieb stehen. Unternehmungen geg. Meißen.
29.	do.	do.	Gröbeln (auf dem Wege n. Mühlberg). Avantgarde: Röderau.	Elsterwerda. Avantgarde: Ortrand.	Blieb stehen.
30.	September.		Die Armee blieb stehen.		
1.	Oktober.	Herzberg.	Fermerswalde bei Herzberg. Avantgarde: Koßdorf.	Herzberg. Avantgarde: Liebenwerda	Mühlberg. Demonstrationen zum Uebergange. Avantgarde: Streumen a. Floßgraben.
2.	do.	Jessen.	Jenseits Jessen. Avantgarde: Annaburg.	Jenseits Jessen. Avantgarde: Annaburg.	Herzberg. Avantgarde: Koßdorf.

*) Die Korps St. Priest und Kapzewitsch hatten den Befehl erhalten, sich am 28. mit dem Langeronschen Korps zu vereinigen; diese Vereinigung ist aber erst am 30. zu Stande gekommen.

Die russischen Leinwand=Pontons wurden für den 1. nach Liebenwerda, für den 2. Oktober nach Elster disponirt.

Das Yorksche Korps wurde vom 28. September ab, an die Tete des Marsches genommen, um den Feind, — welcher seit längerer Zeit gewöhnt war, sowohl bei Mühlberg als bei Elster, nur preußische Truppen sich gegenüber zu sehen — zu dem Glauben zu veranlassen, daß er es auch jetzt mit Abtheilungen des 4. oder 3. preußischen Armee=Korps zu thun habe.

Noch am 29. — Rühle war noch nicht zurück — beabsichtigte Blücher bei Mühlberg überzugehen. Er hatte die entsprechenden Befehle erlassen, als er Abends 6 Uhr die Meldung Tauentziens erhielt, daß derselbe vom Kronprinzen den Befehl erhalten habe, mit seinen Truppen in Eilmärschen nach Jessen und Schweinitz aufzubrechen, indem, wie der Kronprinz schrieb: „die weiteren großen Operationen davon abhingen". Zugleich meldete Tauentzien, daß er den General v. Wobeser mit 4000 Mann vor Torgau stehen lassen werde.

York erhielt hierauf den Befehl, Mühlberg sofort besetzen zu lassen; doch solle sich die Besatzung (Major v. Pentzig) möglichst wenig zeigen, damit der Feind nicht aufmerksam werde.

Der 30. wurde zum Ruhetag bestimmt, um den Uebergang bei Mühlberg vorzubereiten und um detachirt gewesene Theile des Langeronschen Korps (General=Lieutenants Graf St. Priest und Kapzewitsch) mit diesem wieder zu vereinigen.

An demselben Tage (30.) meldete Major Graf Brandenburg, welcher vom General York zum Rekognosziren nach Mühlberg geschickt worden war, daß das Schlagen einer Brücke bei diesem Orte in den nächsten Tagen nicht ausführbar sein würde, da nur zwei kleine Kähne zur Disposition ständen, daß aber ein aus Mühlberg gebürtiger Offizier sich erboten habe, eine Menge kleiner Kähne herbeizuschaffen, welche von den Fischern und Müllern versenkt seien.

Diese Nachricht, welche einen baldigen Uebergang bei Mühlberg nicht sicher erscheinen ließ, hauptsächlich aber die persönlichen Berichte des Majors v. Rühle, welcher am 30. wieder im Hauptquartier eintraf, bestimmten Blücher, von einem Uebergange bei Mühlberg zu abstrahiren, dagegen so schleunig als möglich bei Elster überzugehen. Dem entsprechend wurden sofort die nöthigen Befehle zur Fortsetzung des Marsches ertheilt; dem Kronprinzen wurde angezeigt, daß der Uebergang am 3. Oktober stattfinden werde, und daß Blücher hoffe, am 4. den Marschall Ney bei Kemberg anzugreifen und sich mit der Nord-Armee bei Düben zu vereinigen. Dem Kaiser Alexander meldete Blücher ebenfalls noch am 30. die Bewegungen, welche er unternehmen würde.

General Graf Tauentzien, den wir auf Befehl des Kronprinzen nach Jessen und Schweinitz abrücken sahen, wurde unter dem 1. Oktober, auf seine Meldung, daß die Brücke bei Elster noch nicht vollendet sei, von Blücher dringend ersucht, den Bau derselben auf alle Weise zu beschleunigen*).

---

*) Blücher schrieb dieserhalb an ihn: „. . . . . . . damit jedoch auf keine Weise, selbst auf den Fall, daß die Schiffbrücke nicht geschwind genug zu Stande käme, das Schlagen der Pontonbrücken, welche morgen Abend anlangen, in der Nacht vom 2. zum 3. gestört werde, ist es unumgänglich nöthig, kurz zuvor schnell eine hinlänglich große Masse von Truppen auf das andere Ufer hinüberzuschaffen. Da es uns an Schiffen fehlt, so bleibt kein anderes Mittel übrig, als in der Elster von trockenem Holze Flöße zu erbauen, auf welchen die Infanterie zu halben Kompagnien hinübergeschafft werden kann. Ist kein solches Holz in Vorrath, so müssen Häuser eingerissen, Balken, Thüren, Tonnen 2c. herbeigeholt, kurz, kein ersinnliches Mittel unversucht gelassen werden, diese Flöße zu Stande zu bringen. Sind sodann die Pontons angelangt, so schifft die Infanterie so schnell als möglich hinüber und schreitet, sobald eine hinlängliche Masse auf dem jenseitigen Ufer ist, sofort zum Angriff auf die Dörfer Wartenburg und Bleddin, worin man sich so lange behaupten muß, bis eine größere Anzahl zum Soutien nachgekommen ist."

„Ich hoffe, daß die Zahl unserer Pontons hinreichen wird, neben der zu schlagenden Brücke für die Artillerie noch eine zweite für die Infanterie erbauen zu können. Dann kann der Uebergang der Armee sehr schnell bewerkstelligt werden, und es soll mir sehr willkommen sein, wenn Ew. Excellenz alsdann in der Nähe der schlesischen Armee mit operiren wollen."

Am 2. Oktober fand Blücher in Jessen folgendes Schreiben Bülows vor: „Sehr erfreut über die Annäherung Ew. Excellenz, hoffe ich nun, daß es uns gelingen wird, den Kronprinzen von Schweden zu mehr Thätigkeit zu bewegen. Sind es politische Gründe oder andere, kurz, sein System ist Nichtsthun, und nur auf eine gewaltsame Weise konnte man das herbeiführen, was geschehen. So bin ich am 5. September von Marzahne ohne seine Befehle abmarschirt und habe am 6. ohne seinen Befehl bei Dennewitz geschlagen; derselbe Fall war bei Groß-Beeren. Der Kronprinz, der sich gern sicher stellt, wird nun suchen, unter dem Schutz von Ew. Excellenz Armee die Elbe zu passiren (die wir schon längst hätten passiren sollen) und so bei allen Gelegenheiten durch Sie gedeckt zu operiren; ich hoffe indessen zu Gott, daß sich eine Gelegenheit finden wird, ihn mit fortzuziehen, und kann es nicht anders geschehen, so werde ich mich nicht durch die Furchtsamkeit und die egoistische Politik eines Fremdlings abhalten lassen, mit meinem Korps für das allgemeine Beste mitzuwirken, und können Ew. Excellenz auf mich und meine sehr braven Truppen rechnen."

„Der Marsch Ew. Excellenz ist schön und kühn; wir müssen nun aber, ohne eine Minute Zeit zu verlieren, die Elbe passiren und am linken Ufer mit aller Kraft wirken. Dann werden wir große Resultate haben. Es ist dies, wozu ich seit langer Zeit den Kronprinzen treibe, denn wir konnten es für uns thun."

„Sehr freue ich mich, Ew. Excellenz persönlich meine alte, treue Anhänglichkeit bezeugen zu können.

Rudersdorf vor Wittenberg, den 1. Oktober 1813.

v. Bülow."

Am 2. Oktober bivouakirte das Yorksche Korps mit der 1. und 2. Brigade und der Reserve-Kavallerie bei Hemsendorf an der Elster, mit der 7. und 8. Brigade und der Reserve-Artillerie zwischen Jessen und Rehhayn; die letzteren Truppen waren vorher bei Jessen über die Elster gegangen. Die Avantgarde des Oberst v. Katzler stand am 2. in Annaburg, die Vorposten besetzten Dautzschen, Bethau, Naundorf, Lebien und Schöneiche und standen links in Verbindung mit den Vorposten des vor Torgau stehenden Generals v. Wobeser.

Die Besatzung von Mühlberg (Major v. Pentzig) traf am 2. Abends bei Hemsendorf wieder beim Yorkschen Korps ein, nachdem sie durch ein Detachement des Sackenschen Korps abgelöst worden war.

Das Langeronsche Korps lagerte westlich Jessen, die Avantgarde gemeinschaftlich mit der des Yorkschen Korps bei Annaburg.

Die Festungen Torgau und Wittenberg im Herbst 1813.

Ehe wir nun zu dem Treffen bei Wartenburg selbst übergehen, wollen wir noch einen flüchtigen Blick auf die Verhältnisse in und vor Torgau und Wittenberg werfen, indem beide Festungen einen gewissen Einfluß auf die zwischen ihnen stattfindenden Operationen ausübten.

Nach der Schlacht von Dennewitz ernannte Ney den General Brun de Villeret zum Kommandanten von Torgau[*]). Am 14. September traf als Gouverneur der Divisions-General Graf Narbonne in der Festung ein; er erklärte dieselbe zum

---

[*]) Am 27. April, bei Begehung seines Geburtstages, hatte der sächsische General v. Thielemann, Gouverneur der Festung Torgau, erklärt, daß er für Frankreichs Sache nicht wieder den Degen ziehen werde. Er hatte bis dahin der Zumuthung widerstanden, einer französischen Besatzung die Thore Torgaus zu öffnen; am 10. Mai brachte jedoch der Kammerherr v. Friesen den Befehl des Königs von Sachsen, daß der Einmarsch einer französischen Besatzung erlaubt werden solle. Thielemann begab sich in Folge dessen mit dem Chef seines Stabes, Oberst-Lieutenant Aster, nach dem Brückenkopfe, von wo beide die Festung verließen. Am Tage danach rückten die Franzosen ein.

Central-Depot der französischen Armee, auch gingen bei seiner Ankunft die Artillerie- und Ingenieur-Kommandos von sächsischen auf französische Offiziere über.

Vom 1. Oktober ab blokirte der General v. Wobeser mit 4000 Mann des 4. preußischen Armee-Korps das rechte Elbufer, so daß jede Verbindung Seitens der Festung mit diesem Ufer aufhörte.

Am 2. Oktober und später noch einige Male versuchte es die Besatzung, durch Ausfälle die Dörfer des rechten Ufers in Requisition zu setzen, wurde aber durch Wobeser zurückgewiesen, wie es diesem auch gelang, alle von Dresden nach Torgau bestimmten Wassertransporte fortzunehmen.

Zur Zeit der Schlacht bei Leipzig war die Besatzung etwa 26,000 Mann stark*); zu Anfang des Oktobers indeß jedenfalls bedeutend geringer**).

Wie schon erwähnt, hatte der Kronprinz von Schweden, nach der Schlacht von Dennewitz, als nothwendige Vorbedingung zu einem Uebergange über die Elbe, Seitens der Nord-Armee, die Einnahme von Wittenberg hingestellt. General v. Bülow erhielt den Befehl, mit dem 3. preußischen Korps den Platz zu belagern; indeß fand eine vollständige Einschließung nicht statt, da die Belagerung nur die auf dem rechten Ufer befindliche Festung berührte. Die Verbindung mittelst des Brückenkopfes nach dem linken Ufer blieb zunächst frei.

---

*) Augoyal, Relation de la défense de Torgau par les troupes françaises. Paris, 1840.

**) Eine vollständige Blokade und demnächst eine Belagerung Torgaus trat erst nach der Schlacht von Leipzig ein; am 26. Dezember kapitulirte die Besatzung.

Vom 19. Oktober 1813 bis zum 10. Januar 1814 starben in Torgau über 15,000 Menschen in Folge Hungers, schlechter Lazarethe und jeglicher Art von schlechter Krankenpflege.

Am 24. September*) wurden die nächsten Dörfer und die Vorstädte eingenommen, und in der darauf folgenden Nacht unterhalb des Lutherbrunnens, von der Elbe bis zum Labetzer Bach, und von hier bis zum Wege nach Trajuhn eine Parallele eröffnet.

Am 25. wurde die völlige Einschließung rechter Seits hergestellt.

In der Nacht vom 25. zum 26. fing das Bombardement an; es dauerte von 8½ Uhr Abends bis 12½ Uhr Nachts. Die Wirkung war gering; die zur Anwendung gekommenen Congreve'schen Raketen gingen zu kurz. In derselben Nacht wurde eine Parallele auf der östlichen Seite der Stadt von der Elbe bis über den Weg eröffnet, welcher vom Schloßthore nach der rothen Mark führt.

In der Nacht vom 27. zum 28. wurde die Stadt von den sämmtlichen 10 erbauten Batterien von 8 Uhr Abends bis 4 Uhr Morgens beschossen und beworfen. Fast kein Haus blieb unbeschädigt; gegen 3 Uhr Morgens schlug eine Bombe in den Schloßthurm, welcher ausbrannte, auf ein Nachbarhaus stürzte und auch dieses in Flammen setzte. Es brannte an vielen Orten, doch wurde das Feuer gelöscht, da die Belagerer es unterlassen hatten, das der Stadt zufließende Röhrwasser, sowie zwei in dieselbe geleiteten Bäche abzuschneiden. Ein am Morgen des 28. erscheinender Parlementair des Generals v. Bülow wurde abgewiesen.

In der Nacht vom 29. zum 30. wurde von Abends 11 Uhr bis Morgens 4 Uhr das Bombardement wieder aufgenommen. Eine abermalige Aufforderung zur Uebergabe wurde ebenfalls zurückgewiesen.

Hiermit fand diese sogenannte Belagerung, die aus manchen Gründen nicht nachdrücklich betrieben werden konnte und daher auf die Besatzung nur geringen Eindruck machte, ihr Ende.

---

*) Siehe Vogel, die Belagerungen von Torgau und Wittenberg. 1813 und 1814.

Am 3. Oktober trafen viele Flüchtlinge von Wartenburg her in der Festung ein, und am 3. wurde endlich das linke Ufer durch die Besetzung Pratauś gesperrt. An demselben Tage hob General v. Bülow die Belagerung ganz auf und übertrug dem General v. Thümen mit der ihm untergebenen Brigade die fernere Blokade der Festung*).

Gouverneur der Festung war der Divisions-General, Baron de la Poype; Chef d'état-major und Platz-Kommandant, v. Lohausen.

Die Besatzung bestand aus etwa 3050 Mann. Die Festung war mit 96 großentheils sächsischen Geschützen dotirt, welche zur Vertheidigung hinreichten; ebenso war genügende Munition vorhanden.

Die Stellung der beiderseitigen Haupt-Heere zu Anfang Oktobers 1813.

Vergegenwärtigen wir uns die Stellung, welche die beiderseitigen Haupt-Heere am 2. Oktober einnahmen.

Das 1. und 14. französische Korps (Mouton, Graf Lobau und Graf Gouvion St. Cyr) standen bei Gieshübel, Königstein und Pirna, der zwischen Teplitz, Außig und Nollendorf befindlichen russisch-polnischen Armee (Freiherr v. Benningsen) gegenüber.

Das 2., 5. und 8. französische Korps (Victor, Herzog von Belluno; Graf Lauriston und Fürst Poniatowsky), das 4. fran-

---

*) Dieselbe wurde mehrfach unterbrochen und demnächst durch den Oberst Krauseneck, später durch den General v. Dobschütz wieder aufgenommen. Die Belagerung begann am 28. Dezember und endete mit der in der Nacht vom 12. zum 13. Januar 1814 durch Sturm bewerkstelligten Einnahme der Festung. — Im Jahre 1813 wurden in Wittenberg die enorme Zahl von 1,063,822 Mann einquartiert, von welchen 344,059 auf Durchmärsche kamen. Vogel, die Belagerungen von Torgau und Wittenberg. S. 79.

zösische Kavallerie-Korps (Kellermann, Graf v. Valmy) und ein Theil der Garde-Kavallerie (Graf Nansouty) standen unter dem Oberbefehl Murats, Königs von Neapel, zwischen Freiberg, Oederau, Penig und Altenburg, der verbündeten böhmischen Armee (Fürst Schwarzenberg) gegenüber, welche sich in ihrem Linksabmarsch, in der Richtung auf Chemnitz, mit der Tete bei Marienberg, mit der Queue bei Brix befand. Die französische Division Dombrowsky (8. Korps) stand bei Bitterfeld.

Das 3. und 6. französische Korps (Graf Souham und Marmont, Herzog v. Ragusa), sowie das 1. Kavallerie-Korps (Graf Latour-Maubourg) standen bei Wilsdruf und Meißen, Detachements der schlesischen Armee gegenüber.

Das 11. französische Korps (Macdonald, Herzog v. Tarent), die alte Garde (Graf Drouot), 2 Divisionen der jungen Garde (Oudinot, Herzog v. Reggio) und das 2. Kavallerie-Korps (Graf Sebastiani) waren in und bei Dresden bei Napoleon; 2 Divisionen der jungen Garde (Mortier, Herzog v. Treviso) standen in Tharandt.

Wir haben gesehen, daß Fürst Scherbatow von Bischofswerda aus und Graf Bubna von Stolpen aus, mit Theilen der schlesischen und böhmischen Armee, die bei Dresden versammelten französischen Korps beobachteten.

Das 4. und 7. französische Korps (Graf Bertrand und Graf Reynier) standen unter Ney, Fürst von der Moskwa, bei Dessau, Wörlitz und Wartenburg, der verbündeten Nord-Armee*) und

---

*) Von der verbündeten Nord-Armee stand das russische Korps (Baron v. Wintzingerode) bei Aken, die Division Hirschfeldt (vom 4. preußischen Korps), bei Roßlau, wo sich die schwedische Armee (Graf Stedingk) konzentrirte. Nach Koswig war eine Abtheilung des 3. preußischen Korps (v. Bülow), welches vor Wittenberg stand, detachirt. Das 4. preußische Korps (Graf Tauentzien) war nach Schweinitz und Jessen herangezogen und marschirte von dort am 2. nach Seyda, wo es den Befehl des Kronprinzen vorfand, hinter dem Bülowschen Korps fort nach Koswig zu marschiren. Die Division Wobeser (vom 4. preußischen Korps) war vor Torgau stehen geblieben.

dem Yorkschen Korps der verbündeten schlesischen Armee gegenüber. Das 3. französische Kavallerie-Korps (Arrighi, Herzog v. Padua) war in der Richtung auf Leipzig abmarschirt. Die Korps Graf Langeron und v. Sacken der verbündeten schlesischen Armee waren im Anmarsch auf Wartenburg.

Das 13. französische Korps (Davoust, Prinz v. Eckmühl) stand an der unteren Elbe, das französische Observations- (9.) Korps Augerau's, Herzogs von Castiglione, war mit dem 5. Kavallerie-Korps (Graf Pajol), im Anmarsch von Baiern her, bis Thüringen vorgerückt.

Das 10. französische Korps (Graf Rapp) war in Danzig, welche Festung durch etwa 35,000 Russen und Preußen unter dem General der Kavallerie, Herzog Alexander von Württemberg, belagert wurde.

Das Treffen bei Wartenburg am 3. Oktober 1813.

Nach der Reorganisation der Ney'schen Armee hatte Napoleon die Konzentrirung und das Vorgehen derselben gegen Wittenberg befohlen, um die Nord-Armee von einer Bewegung auf Leipzig abzuhalten. Zu dem Ende hatte Ney seine Streitkräfte zunächst bei Schmiedeberg und Kemberg vereinigt. Durch das spät und wohl ohne eigentliche Absicht Seitens des Kronprinzen von Schweden erfolgte Schlagen der Brücken bei Elster, Roßlau und Aken wurde Ney auf diese Punkte aufmerksam und dirigirte am 25. September eine Abtheilung des 4. Korps nach Wartenburg, welcher das Korps selbst bald folgte, wonach der Kronprinz sich veranlaßt sah, die Brücke bei Elster wieder abbrechen, das Material theils versenken, theils auf das rechte Ufer überführen zu lassen.

Detachirungen der verbündeten Nord-Armee befanden sich bei Berlin, vor Magdeburg und an der unteren Elbe.

Das 4. französische Korps blieb zwischen Wartenburg und Pretsch stehen, während Ney selbst mit dem 7. zur Beobachtung von Aken und Roßlau vorging. — Bereits am 27. zog er indeß das 4. Korps nach Oranienbaum und ließ das 7. gegen Dessau vorrücken; die schwedische Avantgarde zog sich in den Brücken=kopf zurück. An demselben Tage ging ein sächsisches Bataillon (v. Bünau) bei Wörlitz zu den Schweden über. — Am 28. machten die Schweden eine Unternehmung gegen Dessau, welche indeß keinen Erfolg hatte. — Am 29. unternahm Ney von Oranienbaum aus eine Bewegung gegen Roßlau, welche ebenfalls ohne Resultat blieb *).

---

*) Ueber die damaligen Verhältnisse in Wartenburg, namentlich über die zu jener Zeit dort herrschende Noth, giebt das Wartenburger Kirchenbuch, welches dem Verfasser durch den dortigen Prediger bereitwilligst zur Einsicht verstattet ist, interessante, von dem früheren Prediger aufgezeichnete Notizen, die, wenngleich in den Zahlen übertrieben, doch ein Bild der lokalen Situation gewähren.

Nachdem unter dem 23. September gemeldet wird, daß die preußische Landwehr sich besonders durch „das Rauben des Federviehes ausgezeichnet habe," heißt es vom 24. (25.?): „Abends gegen 8 Uhr nahmen 25,000 Mann Franzosen das Dorf. Hier ist die Feder zu schwach, die Größe der Noth darzustellen, die nun das arme Dorf traf ec."

„Trotz der höchsten französischen Behörden wurde dennoch auf dem Schlosse und an vielen Orten im Dorfe geplündert und nicht die geringste Hülfe geleistet. Viele Rinder, Schafe, Schweine und das ganze Federvieh wurden geschlachtet. Die Holz=Vorräthe, Thorwege, Schaalwände, Wagen, Eggen, Pflüge, Thüren und Zäune, ja selbst Bestandtheile von der nur erst mit vielen Kosten angeschafften neuen Spritze an den Wachtfeuern verbrannt. Drei Tage lang währte diese Verwilstung, und die Hungersnoth ging so weit, daß man keines Löffels Mehl zu einer Suppe, keines Bissens Brot, ja kaum einer Erdbirne mächtig war. In den Mund wurde den kauenden Menschen gesehen, um zu erfahren, ob sie Brot verzehrt hatten ec., und nur erst den 27. September rückte diese Macht, bis auf eine Division von 10,000 Mann wiederum aus, bis nach Oesteritz hin, und die hier gebliebenen beschäftigten sich mit dem Umhauen sehr vieler Bäume, unten am Dorfe über dem Streng und rechts nach Blebbin zu. Und dennoch war das Alles, so hart es auch sein mochte, nur Kleinigkeit gegen das, was nunmehr sich zutrug."

Wir verlassen unseren geistlichen Referenten, um später zu ihm zurückzukommen.

Am 28. ließ der Kronprinz von Schweden von Neuem die Uebergangs-Arbeiten beginnen, ohne dieselben jedoch nachhaltig zu betreiben. Es wurde dadurch die Aufmerksamkeit des Feindes abermals in dem Maße angeregt, daß Graf Bertrand mehr Truppen nach Wartenburg detachirte, nachdem es zuletzt nur von einem schwachen Detachement der Division Franquemont besetzt gewesen war.

In der Nacht vom 29. zum 30. vernahm nämlich der Lieutenant Niethammer vom Württembergischen 2. Reiter-Regiment, Herzog Louis, bei Wartenburg auf Vorposten stehend, an der Elbe Geräusch, welches auf die Herstellung der Brücke bei Elster schließen ließ. Noch ehe er sich von den näheren Umständen Ueberzeugung verschaffen konnte, wurden seine Vedetten angegriffen und durch feindliche Infanterie zurückgeworfen. Nachdem der feindliche Angriff nachgelassen hatte, schickte Lieutenant Niethammer von Neuem Patrouillen vor, die aber nicht mehr bis an die Elbe gelangen konnten.

In Folge dieses Vorfalls erhielt Ney die übertriebene Meldung, die Brücke bei Elster sei hergestellt, so daß er der Division Franquemont am 30. Nachmittags den Befehl zugehen ließ, so schleunig als möglich von Oranienbaum nach Wartenburg abzurücken, wo sie noch an demselben Tage Abends eintraf. Der Stab der Division blieb in Globig; Wartenburg wurde besetzt und eine Kompagnie des 3. kombinirten Linien-Infanterie-Bataillons gegen die Elbe vorgeschickt*); sie stürmte den

---

*) Ein Berichterstatter sagt: „In Globig wurden die Gewehre geladen. Die Kompagnie Zinkernagel erhielt die Vorhut; um 11 Uhr Nachts waren wir in Wartenburg. Die Offiziere wurden in dem Schloß sehr gut aufgenommen; obgleich der Besitzer nicht anwesend, war doch für Alles gesorgt; die Mannschaften wurden in den zum Schloß gehörenden Scheunen gut untergebracht. Die 3. Kompagnie, welche bisher die Vorhut gehabt, erhielt den Befehl, unverzüglich gegen den Brückenkopf bei Elster vorzurücken. Die Kompagnie wechselte mit dem Feinde einige Gewehrschüsse und besetzte darauf das bis nahe an den Brückenkopf heranreichende Holz."

Brückenkopf und warf die preußische Besatzung auf das rechte Elbufer zurück.

Der Brückenkopf wurde am Morgen des 1. wieder von den Preußen besetzt, und die Büsche und Obstbäume unmittelbar vor demselben von ihnen rasirt, ebenso brannten sie die auf dem linken Flußufer befindlichen Elsterschen Ställe nieder.

Am 1. Oktober traf Graf Franquemont mit dem Rest seiner Division von Globig her bei Wartenburg ein; die leichte Brigade, unter General v. Stockmayer, löste das 3. kombinirte Linien-Infanterie-Bataillon von den Vorposten ab.

"Die Besatzung von Wartenburg befand sich, durch die allarmirenden Gerüchte, daß der Feind den Uebergang bei Elster vorbereite, in einiger Aufregung, so daß sie abwechselnd unter dem Gewehr stand. Die Offiziere standen meistens auf dem Wall des Schlosses, beobachteten die wieder begonnene Beschießung Wittenbergs (?) und horchten nach dem Kanonendonner vor Torgau; es war eine laue, stürmische, finstere Nacht; da brachten plötzlich 2 Kanonenschüsse, welche von Elster her herüberschallten, Alles auf die Beine. Hauptmann v. Zinkernagel hatte den nur schwach besetzten und unvollendeten Brückenkopf erstürmt. Die Brücke war nur zur Hälfte fertig, die kleine feindliche Besatzung wurde auf zwei Schiffen an das jenseitige Ufer gebracht. Vom Feinde war der Uebergangspunkt trefflich gewählt; die jenseits aufgeführten Batterien konnten nicht nur in das Innere des Brückenkopfes, sondern auch den davor liegenden schmalen Streifen Feld kreuzweise bestreichen; somit war es der Kompagnie nicht möglich, den von ihr errungenen Posten zu behaupten; es fielen abermals 2 Kanonenschüsse, welche dem Hauptmann und 2 Soldaten das Leben kosteten." v. Martens: Vor 50 Jahren, Tagebuch meines Feldzuges in Sachsen. 1813.

In dem Kirchenbuche zu Wartenburg steht wörtlich verzeichnet: "Gestorben den 1. Oktober früh 5 Uhr, beerdigt den 1. Oktober Mittags 1 Uhr, in aller Stille, auf dem hiesigen Kirchhofe, Herr Gustav Wilhelm v. Zinkernagel, Königlich Württembergischer Kapitain vom Regiment Kronprinz Nr. 6, wurde am 1. Oktober früh an den Elsterschen Ställen von einer preußischen Kartätschenkugel erschossen, während er seine Nothdurft verrichten wollte."

Gehen wir nun nach Elster zur Betrachtung der dort unternommenen Uebergangs-Arbeiten*).

Bevor auf Befehl des Kronprinzen von Schweden die seit dem 21. vollendet gewesene Brücke bei Elster in der Nacht vom 25. zum 26. September wieder abgebrochen wurde, zog sich das Detachement der Division Borstell (vom 4. preußischen Armee-Korps), welches bis dahin Wartenburg besetzt gehabt hatte, nach Elster zurück. Den Wiederbeginn des Baues der Brücke am 28. haben wir bereits gemeldet, auch daß Major v. Rühle am 30. die Herstellungs-Arbeiten noch wenig gefördert fand, und daß er auf seiner Rückkehr zum General v. Blücher den Fortgang derselben, mit welchen der Kapitain v. Zaborowski vom Ingenieur-Korps beauftragt war, eifrigst betrieb.

Mit dem Ansuchen Blüchers an Tauentzien, daß er den Bau der Brücke auf jede Weise fördern möge, sandte er zugleich zur Beihülfe den Kapitain v. Löllhöffel vom Generalstabe, einen ehemaligen Ingenieur-Offizier, und den Pionier-Kapitain Modrach nach Elster. Am 2. folgten zwei preußische Pionier-Kompagnien und am 2. Abends die russischen Leinwand-Pontons und zwei russische Pontonier-Kompagnien.

Ohnerachtet des größten Eifers, mit welchem Kapitain v. Zaborowski die Herstellung der Brücke hatte betreiben lassen, fand Kapitain v. Löllhöffel die Arbeiten noch wenig gefördert, so daß die erhöhete Anspannung aller Kräfte nöthig wurde, wenn

---

*) Von dem Brückenkopfe bei Elster sind noch gegenwärtig Ueberreste zu erkennen. Unmittelbar an der Elbe befinden sich die Spuren einer Lunette und etwa 150 Schritt davor die von 3 Flechen, deren nach der Versicherung der Bewohner von Elster, nach den Flanken zu, auf der einen noch zwei und auf der anderen noch eine vorhanden gewesen sein sollen. — Der Brückenkopf möchte danach bestanden haben aus einem Tambour mit Schanze, welcher im Halbkreise von Flechen umgeben gewesen ist. Die russische Brücke hatte keinen Brückenkopf. — Die Artillerie-Vertheidigung der Brücken wurde, wie schon erwähnt ist, vom rechten Ufer aus bewerkstelligt.

die Brücken zum 3. Oktober Morgens vollendet werden sollten. Es fehlte an Handwerkszeug, namentlich aber an Wagen*). Kapitain v. Löllhöffel berichtete in Folge dessen, gleich nach seiner Ankunft bei Elster, an den General en chef, der darauf, bei dem Einrücken des Yorkschen Korps in das Bivouack am 2., alle disponiblen Wagen abzuladen und nach Elster, an den Kapitain v. Zaborowski, zu senden befahl.

General v. Gneisenau und Oberst v. Müffling trafen am 2. Nachmittags bei Elster ein, um auch ihrerseits den Bau der Brücke zu betreiben, indem jetzt von der schnellsten Herstellung derselben das Gelingen des Unternehmens abhing, und gewiß ist die Aufregung Blüchers erklärlich, als er hörte, wie ohnerachtet seiner an die Nord-Armee gerichteten Ansuchen und ohnerachtet alles direkten Betreibens der Brückenbau nur langsamen Fortgang genommen habe.

Am 2. Oktober erhielt General v. York den nachfolgenden Befehl:

„Ew. 2c. wollen mit Ihrem Armee-Korps morgen den 3. Oktober früh um 5 Uhr aufbrechen und nach Elster marschiren. Diejenigen 3 Bataillone, welche am nächsten an Elster stehen, marschiren, nachdem solche einige Stunden geruht haben, noch heute Abend nach Elster, woselbst sich der kommandirende Offizier bei dem General-Quartiermeister, General-Major v. Gneisenau, meldet, der bei der Ortsobrigkeit zu erfragen ist.

Hauptquartier Jessen, den 2. Oktober 1813.

Blücher."

---

*) Auch an Tauen und Stricken soll es gefehlt haben. Von gut unterrichteter Seite ist dem Verfasser mitgetheilt, daß man zur Abhülfe dieses Mangels die Glockenstränge aus den Kirchen der nächstgelegenen Ortschaften abgeschnitten habe.

In Folge dieses Befehls wurde dem Oberst=Lieutenant v. Sjöholm I., Kommandeur des 2. ostpreußischen Infanterie=Regiments, die Anweisung, mit den beiden Musketier=Bataillons dieses Regiments und dem Landwehr=Bataillon Fischer der 2. Brigade, nebst der 6pfündigen Fuß=Batterie Nr. 1 (Huet) der 2. Brigade um 6 Uhr aus dem Bivouak nach Elster abzumarschiren.

Die Korps Langeron und Sacken hatten für den 3. den Befehl erhalten, resp. von Jessen und von Herzberg aus, dem Yorck=schen Korps nach Elster und über die Elbe zu folgen.

Wie am 1., so hatten auch am 2. die Franzosen nichts Ernstliches gegen den Brückenkopf bei Elster unternommen; am 2. Abends griffen sie zwar den durch 100 pommersche Grenadiere besetzten Brückenkopf mit Tirailleurs, gefolgt von Soutiens, an; doch wurden sie durch die Besatzung und durch die Artillerie des Oberst=Lieutenants v. Schon zurückgewiesen. Es waren die ½ 6pfündige Fuß=Batterie Nr. 19, und eine ½ 12pfündige Batterie Nr. 4, unterhalb der Elster, die andere ½ 12pfündige Batterie Nr. 4 aber oberhalb Elster so placirt, daß sie das Terrain vor der Brücke, letztere halbe Batterie zugleich auch die demnächst zu erbauende Pontonbrücke, der Länge nach, bestreichen konnten. Die benannten Batterien standen hinter Erdaufwürfen mit Scharten, welche letztere mit Schanzkörben bekleidet waren.

Um dem Feinde den Bau der zweiten Brücke zu verheimlichen, trafen die russischen Leinwand=Pontons erst mit völliger Dunkelheit bei Elster ein. Der Bau der Pontonbrücke wurde oberhalb der preußischen Brücke durch die russischen Pontonier=Kompagnien der Oberst=Lieutenants Jwanoff und Schiskin Abends 9 Uhr in Angriff genommen und während der sehr dunklen Nacht mit 70 Pontons vollendet. Die preußische Brücke, welche im Strome auf Schiffen, sonst auf Böcken gebaut war, wurde durch Hülfe der am 2. eingetroffenen preußischen Pionier=Kompagnien ebenfalls gegen Morgen des 3. fertig.

Oberst-Lieutenant v. Siöholm bivouakirte mit seinem Detachement hinter Elster. Um die Aufmerksamkeit der Franzosen von den Brückenarbeiten abzulenken, führten vor dem Dorfe Soldaten, denen sich Landleute zugesellten, lustige Tänze auf und trieben allerlei Kurzweil. Noch lag der Brückenbelag nicht, als schon 3 Kompagnien des Siöholmschen Detachements, von Kahn zu Kahn und von Balken zu Balken springend, zur Verstärkung des in dem Brückenkopf befindlichen Detachements über die Elbe gingen.

In der Nacht zum 3. traf noch von der Reserve-Kavallerie des Bülowschen Korps die reitende Batterie Nr. 6 (v. Steinwehr) mit Kavallerie-Bedeckung bei Elster ein und bezog unterhalb des Dorfes ein Bivouak.

Die Arbeiten bei Elster hatten Ney über diesen Punkt doch fortgesetzt in dem Maße besorgt gemacht, daß schon am Nachmittage des 2. eine Brigade der Division Morand in Wartenburg eintraf und Abends General Graf Bertrand mit dem Rest dieser Division und der Division Fontanelli nachfolgte, so daß nunmehr das ganze 4. Korps bei Wartenburg vereinigt war. Die Division Morand löste die Division Franquemont in der Stellung bei Wartenburg ab, und letztere, wie wir wissen, nur 4 Bataillone und 6 Geschütze starke Division wurde nach Bleddin detachirt.

Im Blücherschen Hauptquartier hatte man nur sehr dürftige Nachrichten über die Aufstellung und die Stärke des Feindes. General v. Bülow hatte bereits früher die Ankunft der Franquemontschen Division angezeigt; am 2. theilte er weiter mit, daß um Mittag abermals eine feindliche Kolonne, etwa 6000 Mann, in der Richtung auf Wartenburg marschirend, bemerkt worden sei. — Dies war Alles, was man im Blücherschen Hauptquartier über den Feind wußte.

Die Elbe macht bei den auf dem rechten Ufer liegenden Dörfern Elster und Iserbecka einen bedeutenden, nach Norden ausgehenden Bogen, dessen Sehne etwa ½ Meile lang ist. Auf dieser Sehne befindet sich im rechten Flügel das Dorf Bleddin, im linken liegen die gegen die Elbe steil abfallenden Sandberge. Fast in der Mitte der Sehne, doch mehr nach deren linkem Flügel, liegt Wartenburg*). Diesem Dorfe gegenüber fließen auf dem jenseitigen Elbufer, von Westen her durch wiesigen Boden, die schwarze Elster, von Norden her der Zugbach zur Elbe; zwischen beiden liegt das Dorf Elster.

Der Hauptbedingung, welche man bei einem durch den Feind streitig gemachten Uebergange über einen Fluß an die Lokalität zu stellen hat, war bei Elster genügt. Es war leicht, den Uebergang durch an beiden Seiten des Bogens aufzustellende Artillerie zu sichern; der Bogen war groß genug, um nach dem Uebergange auf dem jenseitigen Ufer Truppen zur Entwickelung zu bringen. Außerdem überhöhete das rechte Ufer das jenseitige. Wenn danach der Uebergang selbst, bei Elster nicht zu verwehren war, so stellten sich doch dem Fortgange des Unternehmens die bedeutendsten Schwierigkeiten entgegen.

Die, wie wir erwähnt haben, durch den Bogen der Elbe gebildete Landzunge wird durch einen östlich bei Wartenburg vorbeigehenden, in starkem Relief erbauten, von Elbe zu Elbe reichenden, zunächst die Dörfer Wartenburg und Bleddin schützenden Damm von dem Hinterlande abgeschnitten. Das Terrain zwischen dem Damm und der Elbe bildet eine Niederung, welche oft überschwemmt wird. Vor dem Damme zieht sich in mannigfachen Biegungen und die Ostseite Wartenburgs berührend, ein todter Elbarm hin, der namentlich unmittelbar vor und nördlich Wartenburg

---

*) Das Dorf Wartenburg hieß früher Gartenberg, während das dazu gehörende Rittergut stets den Namen Wartenburg geführt hat. Die auf vielen Karten bei dem Schlosse befindliche Bezeichnung: „Schloß Gartenberg" ist sonach ganz unrichtig. — Vgl.: Grundriß der Fluren vom Rittergute Wartenburg und dem darunter gehörigen Gartenbergischen Dorfe vom Jahre 1770 im gräflich Hohenthalschen Archiv zu Wartenburg.

seiner Tiefe wegen nicht zu durchwaten und nur auf einem schmalen Dammwege mit Brücke zu passiren ist. Wegen der Ueberschwemmungen und durch Grundwasser ist die ganze Niederung zwischen Damm und Elbe mit Wasserlachen und Sumpfstellen überdeckt; außerdem ist dieselbe mit niedrigem Holzgestrüpp, zum großen Theil auch mit hohem Holze — Rüstern, Eichen, Weiden und Pflaumenbäumen — bestanden. Südlich eines von der Elbe in nordwestlicher Richtung direkt auf Wartenburg hinüber zum todten Elbarm fließenden Grabens — **Moyenhainichtgraben***) — erstreckt sich gegen Bleddin hin, eine große Pflaumenpflanzung; erst näher an Bleddin wird das Terrain freier. Ueberall befinden sich Wasserrisse, Löcher, feuchter sumpfiger Boden. — Von Elster kommend, findet man jenseits der Brücken ein Stück freie Wiese; die darauf befindlich gewesenen Büsche waren am 1. Oktober rasirt. Es führen von hier nur zwei schmale Wege, der eine überall auf sumpfigstem Boden, kaum passirbar, den todten Elbarm auf schmaler Brücke überschreitend, nach Wartenburg, — der andere, nur ein Fußweg, erst durch Wiese, dann längs des hohen Holzes und endlich auf einem Flügeldamm längs der Elbe nach Bleddin. — An dem Wege von Elster nach Wartenburg findet sich weiter das „hohe Holz"; es reicht links bis an den Fluß, rechts bis an den Klinker, einen dem todten Elbarm zulaufenden Wasserriß. Zwischen dem Brückenkopfe und dem hohen Holze sind auf der erwähnten Wiese einzelne Pflaumenpflanzungen, ober-

---

*) Dieser Graben wird in vielen Geschichtswerken und Karten „kleine Streng" benannt. Wir haben nicht ermitteln können, aus welcher Veranlassung diese ganz unrichtige Bezeichnung angenommen worden ist. Der Theil des todten Elbarmes, der östlich des Dorfes vorbeigeht, heißt „der Streng", und nördlich Wartenburg „der hinterste Streng". Von einem „kleinen Streng" weiß kein Mensch etwas in Wartenburg. — Moyenhainichtgraben (sprich Mohnhänichtgraben) wird abgeleitet von „Moye — junge Kuh —" und „Hain", also ein Graben, welcher durch einen Hain fließt, in welchem junge Kühe zur Weide gegangen sind. Vgl.: „Hengsthainichte", Gallinsche Hainichte u. s. w.

halb und unterhalb der Brücken, längs des linken Flußufers, einzelne Streifen Wald und viel Buschwerk. Westlich des hohen Holzes ist eine mit Gräben und Büschen durchschnittene Wiese, — „die Bruchwiese"*), die rechts, also nördlich, vom todten Elbarm und seinen Verzweigungen begränzt wird und links sich gegen die Elbe hinzieht; hier links, im Süden, verbindet sich das „hohe Holz" mit dem „Eichwalde", welcher den Moyenhainichtgraben (kleine Streng) auf beiden Ufern in dichter Umgebung bis nach Wartenburg hin, begleitet, südlich des Grabens aber bald zu einer Obstpflanzung übergeht, welche bis auf 2—3000 Schritt von Bleddin die freie Ebene „Schützberg" begränzt. Die ebenerwähnte Obstpflanzung geht westlich bis nach Wartenburg, dem „Sauanger" und der „Kahlen Kaite"**), und zieht sich von dort in einem 3—400 Schritt breiten Streifen, „die hohe Elbe", bis zwischen Bleddin und der südlichen Gränze des Schützberges. — Für das Auge ist im ganzen Terrain, zwischen Elster, Wartenburg und Bleddin, nirgends klare Durchsicht; kaum an einigen Stellen sind die Kirchthürme von Wartenburg und Bleddin zu sehen.

Die Elbe wird auf dem linken Ufer, außer durch den schon obenerwähnten Land- oder Binnendamm, von der Südspitze des hohen Holzes bis nach Bleddin durch einen sogenannten Flügeldamm begleitet, der bei letztgenanntem Dorfe wieder mit dem Hauptdamm zusammenfällt***).

---

*) Der Name „Bruchwiese" ist ungebräuchlich. Die Wiese resp. Feldfläche, die hier bezeichnet werden soll, hieß im nördlichen Theile „neue Wiese"; im südlichen Theile hatte sie verschiedene Namen. Die Bezeichnung „Bruchwiese" ist wahrscheinlich, um einen gemeinsamen Namen zu schaffen, von Geschichtsschreibern erfunden und hergeleitet von der Nachbarschaft der „Bruchwinkel", einem Wasserriß am hintersten Streng.

**) Offenes, sumpfiges Feld. — Auf vielen Karten findet sich der Name: „Kahle Kelle". Dies ist unrichtig; diese Feldflur hat stets geheißen und heißt noch: „Kahle Kaite", d. h. kalte Vertiefung, kalter Sumpf.

***) Wir haben das Terrain hier durchweg geschildert, wie es zur Zeit des Treffens war. Die gegenwärtige Rekognoszirung läßt kaum die früheren Schwierigkeiten erkennen. Der Boden ist zum Theil durch die im Jahre

Wartenburg als Kernwerk, mit seinem schützenden Damm und den davor gelegenen Terrainhindernissen, in den Flanken durch die Elbe, außerdem rechter Seits durch das Dorf Bleddin, linker Seits durch die Sandberge gedeckt, bietet an und für sich eine fast uneinnehmbare Stellung. Dazu kam, daß eine Entwickelung der angreifenden Truppen unter dem, wie wir sehen werden gut placirten feindlichen Feuer, in für die Infanterie sehr erschwertem, für die Kavallerie und die Artillerie nicht passirbarem Terrain stattfinden mußte. Es war zugleich erforderlich, daß diese Entwickelung schnell stattfand, weil der Angreifer von dem Uebergange an, bis zur Erstürmung der Stellung, dem feindlichen Feuer ausgesetzt war. Ueberall fehlte die Uebersicht; durchweg fand man durch vorangegangene Regenzeit besonders aufgeweichten Boden.

So — war das Terrain vor Wartenburg. Graf Bertrand hatte dasselbe schon in den früheren Tagen persönlich rekognoszirt, und es so ungünstig für den Uebergang eines feindlichen Korps gefunden, daß er über die Stellung an Napoleon berichtet hatte*):
„le quatrième corps suffit pour la garder et ôter à l'ennemi l'envie de deboucher par là!"

Da man sich im Blücherschen Hauptquartier erst spät zu dem Uebergange bei Elster entschlossen hatte und zu dieser Zeit Wartenburg bereits vom Feinde besetzt war, hatte eine nur einigermaßen ausreichende Rekognoszirung nicht stattgefunden. Bei

---

1842 nach Osten zu, stattgehabte Verlegung des Landdammes (siehe Plan WW) bedeutend trockener geworden. Die Wege von Elster nach Wartenburg und Bleddin sind jetzt zu jeder Jahreszeit, außer bei Hochwasser, ersterer auch für schweres Fuhrwerk passirbar. Neben den Wegen ist an den meisten Stellen fester Boden gewonnen. Das Unterholz ist fast ganz beseitigt; sämmtliche Waldungen sind verschwunden; nur einige wenige Pflaumenpflanzungen und einige Weidenreihen längs der Wasserläufe sind noch vorhanden; südlich des Moyenhainichtgrabens ist fast ganz freies Feld. Mit der Austrocknung der Sumpfstellen haben sich viele Wasserrisse und Löcher verloren, wenn gleich deren noch genug vorhanden sind.

*) Rapport du 23. Septembre 1813.

der Nord-Armee, wo dazu früher Gelegenheit und Veranlassung gewesen wäre, war sie nicht angeordnet; — oder war sie unternommen, so war das Ergebniß nicht nutzbar gemacht worden.

So kam es, daß die schlesische Armee, ohne Kenntniß der lokalen Schwierigkeiten in das Terrain hineinging. Das einzige zu Gebote stehende Hülfsmittel war die Petrische Karte, welche im Maßstabe zu 1 : 160,000 zu einer taktischen Orientirung selbstredend nicht ausreichen konnte, da sie eben nur angiebt, daß die Elbe bei Elster einen nach Norden gehenden Bogen macht. Elstersche Landleute sprachen wohl über den todten Elbarm, der sich von Bleddin nach Wartenburg hinziehe, über andere Wasserläufe, über den Damm, der landwärts den todten Elbarm begleite, über den sehr durchweichten Boden und über den Mangel an Wegen, — doch konnte man sich bei der Unmöglichkeit, durch das Auge einige Uebersicht zu gewinnen, kein klares zur Basis für die Operationen geeignetes Bild von dem Terrain machen.

Man erkannte diesen großen Mangel sehr wohl, doch war es nicht mehr möglich, ihm abzuhelfen; dazu kam als Hauptsache, daß die Einleitung zu dem Uebergange bei Elster nun einmal getroffen war. Es handelte sich vor Allem darum, die begonnene Unternehmung schnell durchzuführen, — man konnte und wollte nicht mehr zurück, — der Uebergang mußte hier stattfinden. Man ging um so mehr darauf los, als es, wie wir gesehen haben, im Blücherschen Hauptquartier an jeder sicheren Kunde über die Besetzung Wartenburgs fehlte*).

---

*) Rühle v. Lilienstern sagt in seiner Rezension über Barnhagens: „Preußens biographische Denkmale", bezüglich des Elbüberganges bei Wartenburg:

„Durch ein Mißverständniß waren indeß, statt geheimer Voranstalten zum Brückenbau bei Elster und der verabredeten ernstlichen Demonstrationen bei Aken und Dessau, Demonstrationen zu einem Uebergange bei Wartenburg gemacht worden, welches zur Folge hatte, daß die Division (Corps) Bertrand dahin zur Verstärkung gesandt wurde und auf ein Haar die ganze Operation dadurch vereitelt worden wäre." — (Militair-Wochenblatt, Beiheft Oktober—Dezember 1847. S. XXI.

Aber auch bei den Franzosen war es in letzterer Beziehung nicht anders. Wir haben gesehen, daß weder Napoleon noch Ney die geringste Ahnung von dem Rechtsabmarsche Blüchers hatten. Erst am 5. erfuhr Napoleon zugleich mit der Nachricht von dem Treffen bei Wartenburg, daß die schlesische Armee nördlich abmarschirt und über die Elbe gegangen sei.

Hätte Marschall Ney die vorliegenden Umstände gekannt, so würde er Wartenburg taktisch mehr gesichert haben. Die Brückenarbeiten bei Elster hatten seine Aufmerksamkeit zwar angeregt, er glaubte aber nur mit einem Seitendetachement der Nord-Armee zu thun zu haben, deren Führer und dessen Ansichten er kannte. Vielleicht glaubte er auch, die Vorbereitungen bei Elster seien eine Demonstration, um einen Angriff bei Roslau zu verheimlichen.

Graf Bertrand hatte seine Vortruppen bis gegen den Elsterschen Brückenkopf vorgeschoben; wir haben bereits berührt, daß sie durch die preußische, auf dem rechten Elbufer aufgestellte Artillerie behindert wurden, eine genaue Einsicht in die Arbeiten an der Elbe zu gewinnen. — Man hatte keine Kenntniß, daß 2 Brücken gebaut waren; man glaubte Blücher 5 Tagemärsche entfernt! — Unter diesen Umständen hielt man weitere Verstärkungen der Stellung, als sie das Terrain und einige unternommene Arbeiten darboten, nicht für erforderlich. An der Brücke auf dem Wege von Wartenburg nach Elster war eine Brustwehr mit Verhau aufgeworfen; hinter dem Elbdamm und hinter der eben erwähnten Brustwehr waren Geschütz-Emplacements vorbereitet; durch das nach Elster und nach Bleddin zu, gelegene Holz waren Durchhaue gemacht, um für die Artillerie Zielpunkte zu schaffen; die fortgeschlagenen Bäume waren an einigen Orten zu Verhauen verwandt, oder hatten sich, indem sie liegen geblieben waren, ohne weiteres dazu gestaltet.

Sehr wohl wußte man in der Bertrand'schen Stellung den Vortheil zu erkennen, daß die eigene Geschütz- und Truppen-Entwickelung völlig gedeckt geschehen, daß der Angreifer von Elster her die Stellung nicht umfaſſen, daß er auf dem linken Flußufer nirgends überlegenes Geſchützfeuer entwickeln konnte.

Die Aufſtellung der franzöſiſchen Truppen war folgende:

Die Diviſion Morand ſtand im linken Flügel; die Infanterie, 11 Bataillone, hatte Wartenburg und den vorliegenden Damm — A — A'''' *) beſetzt. Das Dorf ſelbſt war zur Vertheidigung eingerichtet und an den Ausgängen verbarrikadirt. Ueber die Artillerie-Aufſtellung iſt mit Sicherheit nur bekannt, daß eine Batterie zu 6 Geſchützen auf dem nördlichen Theile der Sandberge geſtanden, — a. daß ferner im linken Flügel eine Batterie zu 8 Geſchützen — a' und eine desgleichen weiter ſüdlich zu 6 Geſchützen, — a'' beide hinter dem Damme an der Hengſthainichte placirt waren, daß ferner mindeſtens 2 Geſchütze unfern der Schäferei, nördlich des Röbkolks — a''' geſtanden, und endlich erzählen Wartenburger Landleute, welche ſchon zur Zeit des Treffens im Dorfe waren, daß 2 Geſchütze an dem ſüdlichen Ausgange des Dorfes, und zwar eines hinter dem Damme, auf der Straße zwiſchen dem Dorfe und der Schäferei, eins aber etwas nördlicher, in einem erhöht gelegenen Garten (Koſſäth Schumann) aufgeſtellt geweſen ſeien — a''''**).

---

*) In dem Plane ſind nur die zum Verſtändniß der Darſtellung des Gefechtes nothwendigen Truppenaufſtellungen eingetragen.

**) Von dieſen beiden letzteren Geſchützen erzählen die Augenzeugen, daß die Bedienungsmannſchaften immer nach 3 Schuß abgelöſt ſeien, und daß die Ablöſung in einem nahen Schuppen aufgeſtellt geweſen. Der Unteroffizier, der das Geſchütz an dem Damm befehligt, habe ſich nach jedesmaligem Richten niedergeworfen; es ſei ein ſehr gefährlicher Poſten geweſen.

Dies Letztere wird der Richtung des preußiſchen Angriffs nach und durch andere Augenzeugen aus Wartenburg dahin beſtätigt, daß zwiſchen „Schumanns und Ludwigs Gehöften" (an dem erwähnten ſüdlichen Ausgange des Dorfes) ein Regiment in Kolonne geſtanden; es ſeien dort ſehr viel Leute gefallen; die Offiziere haben äußerſte Strenge anwenden müſſen, um die Mannſchaften auf ihrem Poſten zu erhalten, dennoch ſeien nach dem Feuern jedes Mal viele weggelaufen.

Die Division Franquemont haben wir, nach dem Eintreffen der Morandschen Division in Wartenburg, am 2. Oktober nach Bleddin abrücken sehen. Die Brigade Döring (2 Bataillone) wurde auf dem Schützberg, etwa 1000 Schritt vor Bleddin, Front gegen den Brückenkopf aufgestellt; das 2. kombinirte Bataillon links an ein mit Gebüsch umgebenes Altwasser, das 3. kombinirte Bataillon rechts an den Elbdamm angelehnt. Die Soutiens der Vorposten standen am alten Dammwachthause*), die Posten selbst am Mohenhainichtgraben. Vier Geschütze waren vor der Front aufgefahren. — Die Brigade Stockmayer (kombinirtes leichtes und 1. kombinirtes Infanterie=Bataillon) stand vor Bleddin in Reserve; sie war zugleich mit der Deckung der rechten Flanke, einschließlich der Elbinsel, „der Holzanger" und des hinter dem Dorfe aufgestellten Parks beauftragt — B — B."'

Die Kavallerie = Brigade der württembergischen Division (kaum noch 100 Pferde) stand ebenfalls hinter Bleddin; sie hatte das Terrain längs des linken Elbufers bis Pretsch aufzuklären und den Rücken zu decken. — B."'

Die Division Fontanelli, an Infanterie 14 Bataillone stark, stand hinter der Gruschicke zwischen Globig und Wartenburg in Reserve. — C.

Die Kavallerie=Brigade Beaumont — wahrscheinlich 7 Eskadrons**) — war zur Verbindung zwischen den Divisionen Morand und Franquemont bestimmt; sie stand vor Globig. — D.

---

*) Dieses Dammwachthaus, auf einigen Karten „Finkenhaus", auf anderen „Obstbörre" genannt, ist im Jahre 1813 schon nicht mehr für den ursprünglichen Zweck als Dammwachthaus benutzt worden. Einige Zeit vor 1813, von dem Besitzer von Wartenburg verkauft, wechselte es nun seinen Namen nach dem jedesmaligen Inhaber. Ein Leineweber Finke hat es etwa 1820 erworben, und rührt der Name „Finkenhaus" erst von dieser Zeit her; die Bezeichnung „Finkenhaus" für die Zeit des Treffens bei Wartenburg ist also eine irrige. 1845 ist das Haus bei Gelegenheit eines Dammbruchs weggespült, und jetzt ein sogenannter Kolk, gewöhnlich „Finkenkolk" genannt, an seiner Stelle.

**) Siehe Anmerkung zu Seite 3.

Bei dieser Aufstellung tritt uns als unbegreiflich entgegen, daß Bertrand den einzigen, einigermaßen angreifbaren, jedenfalls aber den schwächsten Punkt in der auf ½ Meile ausgedehnten Stellung, einer schwachen Besatzung von nur 4 Bataillonen und 6 Geschützen übergeben konnte, welche nur in der Kavallerie-Brigade Beaumont eine in Betracht des koupirten Terrains wenig ausreichende Verbindung mit dem nächsten über 3000 Schritt entfernt aufgestellten Theile des Korps angewiesen erhalten hatte.

Die Disposition für den General Graf Franquemont lautete dahin, daß er sich rein defensiv zu verhalten, die Stellung bei Bleddin aber hartnäckig zu vertheidigen habe. Augenscheinlich gründete sich dieselbe auf die Annahme der völligen Ungangbarkeit des Terrains vor Bleddin, als wenn der Feind höchstens nur auf dem Elbdamme gegen dieses Dorf hätte vorgehen, oder vom Holzanger her demonstriren können. — Graf Franquemont rekognoszirte sorgfältig und fand das Terrain nicht in dem Maße ungünstig, wie der Kommandirende es angenommen hatte; er besorgte, überlegen angegriffen und geschlagen zu werden, ohne sich auf die anderen Theile des Korps repliiren zu können. Bei der Meldung über die von ihm getroffenen Anordnungen, erlaubte er sich Vorstellungen Betreffs der Schwierigkeit seiner Situation. Graf Bertrand wies dieselben mit dem Bemerken zurück, „er werde schon dafür sorgen, daß sich der Feind nicht an Wartenburg vorbei, auf Bleddin werfen könne!" General Graf Franquemont hatte somit Alles gethan, was er gegen die mangelhafte Besetzung des rechten Flügels zu thun im Stande war.

Bertrands Ansicht in dieser Beziehung läßt sich eben nur durch den schon erwähnten Umstand erklären, daß er, ohne die geringste Kenntniß von dem Bau der zweiten Brücke, bei dem Gedanken verblieben, er habe es nur mit einem Detachement der Nord-Armee zu thun, und habe — so erzählt man sich, allerdings nicht übereinstimmend mit seiner dem Grafen Franquemont gegebenen Antwort — es grade gewünscht, der Feind möge sich auf

Bleddin wenden. Er habe dann, wenn derselbe von Bleddin auf Globig in das dort freie Feld hinaustreten würde, seinerseits zum Angriff vorgehen und dem Feinde den Rückzug abschneiden wollen.

Wenn nun die Annahme Bertrands in der Hauptsache eine irrige war, so ließ er im Einzelnen die großen Schwierigkeiten unbeachtet, welche die weit auseinandergezogene Stellung Bleddin—Wartenburg an und für sich, in sich tragen mußte, Schwierigkeiten welche sich bei einem seinerseits angeblich beabsichtigten Uebergehen zur Offensive, durch das coupirte Terrain und durch die mangelnde Uebersicht nur steigern konnten. Selbst bei der Annahme, welche Bertrand über die Stärke des Feindes hatte, wäre die Vertheidigungslinie bedeutend zu verkürzen und dadurch Einheit in die Abwehr des Feindes zu bringen gewesen, welche letztere so, wie die Anordnungen getroffen waren, durchaus fehlte. Es kann kein Zweifel sein, daß der eben berührte Vortheil zu erlangen war, durch eine starke Vertheidigung Wartenburgs im linken Flügel, durch ein Festhalten des Moyenhainichtgrabens (kleine Streng) mit möglichst gesicherter Anlehnung im rechten Flügel an den Elbdamm, und endlich durch Aufstellung starker Reserven am Schützberge und an der Kahlen Kaite, so wie der Kavallerie-Brigade Beaumont im freien Felde zwischen Wartenburg und Globig. Dieser verkürzten Vertheidigungslinie würde außerdem durch einige Ueberbrückungen zwischen der Kahlen Kaite und dem Sauanger mehr innere Verbindung zu geben gewesen sein.

Dadurch, daß Graf Franquemont seine schwachen Kräfte weit vorschob, um wenigstens nicht überrascht zu werden, konnte er das ihm bereitete Schicksal nicht abwenden; — er war taktisch zu schwach, war ohne Verbindung und war auf die Festhaltung von Bleddin angewiesen —; drei Fehler, welche bei der Zähigkeit, mit der die großen, doch hier vergleichsweise am wenigsten vorliegenden Terrainschwierigkeiten durch die Angreifer überwunden wurden, sich bitter rächen mußten. — Mit einem Worte, Bertrand hatte die bedeutende Widerstandsfähigkeit, welche die Stellung lokal bot, durch übergebührliche Ausdehnung derselben wesentlich geschwächt.

Der 3. Oktober, ein Sonntag, brach mit nebligem, naßkaltem Wetter an. Die schlesische Armee hatte sich, dem am vorigen Tage erhaltenen Befehle gemäß, in Marsch gesetzt. Das Yorksche Korps trat um 5 Uhr in 2 Kolonnen von Jessen aus an; die 1. Kolonne (die 1. und 2. Brigade und die Reserve-Kavallerie) ging bei Hemsendorf über die Elster; die 2. Kolonne (die 7. und 8. Brigade und die Reserve-Artillerie) hatte schon am 2. bei Jessen diesen Fluß passirt. Mit Tagesanbruch trafen beide Kolonnen bei Elster zusammen.

Als sich der General-Major Prinz Karl von Mecklenburg-Strelitz, als Führer der 1. Kolonne im Dorfe bei dem General v. Gneisenau meldete — Blücher und York waren noch nicht anwesend — erhielt er die Weisung, daß „die Pontonbrücke sowohl, wie die Schiffbrücke sogleich beendet sein würden; auf der ersten, welche passirbar, solle der Prinz mit dem Detachement des Oberst-Lieutenants Stöholm übergehen und Wartenburg nehmen, das, wie man glaube, nicht stark besetzt sei. Sobald das Dorf in des Prinzen Händen sei, solle er berichten, indem dann erst die anderen Truppen würden sicher folgen können"*).

Inzwischen war die Pontonbrücke fertig geworden. Sofort, es war 6½ Uhr, begann das Defiliren des Stöholmschen Detatachements**).

---

*) Rühle v. Lilienstern führt in seiner Rezension über die Biographie Blüchers, von Varnhagen, außer dieser Weisung Gneisenaus eine andere an, welche die bem General York eröffnete General-Idee enthalten haben soll. Droysen (Yorks Leben, 3. Band, S. 105) bezeichnet diese Angabe als irrthümlich, indem v. Schack, Yorks Adjutant, erklärt habe, „die ganze Disposition des Treffens sei Yorks eigener Gedanke gewesen. York sei nur der kurze und bestimmte Befehl zugegangen: „„die Elbe zu passiren und Wartenburg zu nehmen.""

**) Von der 6pfündigen Fußbatterie Nr. 1 ging der erste Zug (Lieutenant Balbauf) mit dem Stöholmschen Detachement über die Elbe. Der

Der Nebel verbarg jeden nur etwas entfernten Gegenstand, und somit die feindliche Aufstellung vollständig. Es war dem Prinzen ein freiwilliger Jäger des Bülowschen Korps, welcher Bescheid wissen sollte, als Führer mitgegeben, doch zeigte es sich bald, daß dessen Lokalkenntnisse nicht ausreichten; einige aus Elster mitgenommene Landleute wußten etwas besser Bescheid.

Das Detachement schlug die Richtung auf Wartenburg ein, doch bekamen die vorgenommenen Tirailleurs schon nach einigen hundert Schritt Feuer von feindlichen Vorposten, die sich indeß unverweilt bis hinter den nächsten Terrainabschnitt zurückzogen.

Bei diesen ersten Schüssen ließ sich aus der Richtung von Wartenburg her, anhaltendes Geschrei hören. Wenn gleich der Nebel etwas lichter geworden war, so konnte man der vielen Büsche und der Bäume des „hohen Holzes" wegen, immer noch nichts vom Dorfe sehen. Man mußte sich nach jenem von Wartenburg herüberschallenden Geschrei darauf gefaßt machen, dort eine starke Besatzung zu finden. Gleichzeitig erkannte der Prinz, daß er in dem sumpfigen, mit Wasserlachen durchschnittenen und verwachsenen Terrain, mit seinen 3 Bataillonen nicht weit kommen würde. Er machte Halt, ließ dem um 7 Uhr in Elster einge=troffenen General v. York den Stand der Dinge melden und bat, mehr Truppen übergehen zu lassen.

In Folge dessen folgten nach kurzer Frist von der 1. Brigade:
das 1. ostpreußische Grenadier=Bataillon,
das schlesische Grenadier=Bataillon,
das (Schweidnitzer) Landwehr=Bataillon Seidlitz.

Um das Detachement in dem unbekannten und nicht über=sichtlichen Terrain in der rechten Flanke zu sichern, erhielt das 1. ostpreußische Grenadier=Bataillon den Befehl, das 1. Treffen (Sjöholms 3 Bataillone) rechts zu debordiren und sich an die

---

Batterie=Chef, Kapitain Huet, begleitete denselben. Der 2. Zug (Lieutenant Stern) blieb einstweilen noch bei Elster.

Elbe anzulehnen; die Tirailleurs des Bataillons wurden mit in die erste Linie gezogen.

So trieb der Prinz die feindlichen Tirailleurs mit dem Bajonett über die nächsten Wasserlöcher, durch das hohe Holz zurück und machte etwa 40 Gefangene. Da trat man beim Verlassen des hohen Holzes auf die mit Gräben und Büschen durchzogene Bruchwiese hinaus, die rechts von Wasser und Wald (hinterste Hainichte), links von einem Elbarm (Falkenwerder Streng) begränzt war. Heftiges Kreuzfeuer empfing das Detachement; — das Gefecht stand abermals. — Jedes weitere Vordringen war unmöglich; es war dem Feinde in seiner gedeckten Stellung nicht anzukommen. — Vorwärts, auf etwa 1500 Schritt, sah man jetzt den Kirchthurm von Wartenburg. Es war helles, klares Wetter geworden.

Die mitgenommenen Elsterschen Landleute versicherten, es sei nicht möglich, auf diesem Wege an Wartenburg heranzukommen, vielleicht würde es gehen, wenn man weiter links vorginge und das Dorf in der rechten Flanke angriffe. Der Prinz entschloß sich, diesem Rathe zu folgen. Zur Sicherung der rechten Flanke ließ er den Oberst-Lieutenant v. Siöholm und 4. Bataillone zurück, nämlich das 1. ostpreußische Grenadier-Bataillon rechts an der Elbe, das Landwehr-Bataillon Seidlitz dahinter, das 1. Bataillon 2. ostpreußischen Infanterie-Regiments und das Landwehr-Bataillon Fischer am Wege von Elster nach Wartenburg. Siöholm erhielt die Anweisung, den Feind in der Front durch Tirailleurs zu beschäftigen, die Bataillone aber aus dem Feuer zu halten.

Mit dem 2. Bataillon 2. ostpreußischen Infanterie-Regiments (dessen Tirailleurs bei Siöholm verblieben) und dem schlesischen Grenadier-Bataillon, sowie mit den ihm inzwischen unter Major v. Penzig zur Unterstützung zugesandten Breslauer Landwehr-Bataillon Kosecky der 1. Brigade und dem Füsilier-Bataillon 1. ostpreußischen Infanterie-Regiments der 2. Brigade, also in Summa mit 4 Bataillonen, sowie mit der ½ 6pfündigen Fuß-

Batterie Nr. 1 wandte sich der Prinz links. Er konnte indeß wegen des verwachsenen Terrains nirgends durchkommen, zog sich deshalb mehrfach hin und her, sah sich dann genöthigt, zuerst die halbe Batterie zum Oberst-Lieutenant v. Siöholm zurückzuschicken, und mußte endlich, als er den Weg durch den morastigen Mohen=hainichtgraben (kleine Streng) versperrt fand, es auch mit der Infanterie aufgeben, hier durchzubringen.

Inzwischen war die ganze 1. Brigade (Oberst v. Steinmetz) mit Ausnahme einer halben Batterie Nr. 2 über die Schiffbrücke gegangen. York war persönlich anwesend und hatte erkannt, daß die feindliche Stellung bedeutend größere Schwierigkeiten darbot, als man anfänglich geglaubt hatte. Er übertrug dem Oberst v. Steinmetz den Angriff in der Front und stellte zu diesem Be=hufe auch die Truppen der 1. und 2. Brigade unter seinen Be=fehl, welche unter dem Oberst-Lieutenant v. Siöholm bereits aufgestellt waren. Es waren mithin unter dem Oberst v. Steinmetz ver=einigt: das 1. ostpreußische Grenadier-Bataillon, das 1. Bataillon 2. ostpreußischen Infanterie-Regiments, die Landwehr-Bataillone Fischer, Seidlitz, Mumm, Walter v. Cronegk, Larisch und Martitz; in Summa 8 Bataillone.

Die Bataillone Walter (Strehlen) und Mumm (Breslau) wurden mit in das zweite Treffen gezogen; die Bataillone Larisch (Nimptsch) und Martitz (Ohlau) als Reserve zurückgehalten.

Siöholm war inzwischen mit den Tirailleurs des ersten Tref=fens, unterstützt durch einige Züge, mit äußerster Tapferkeit bis dicht vor Wartenburg vorgedrungen; es war aber unmöglich ge=wesen, weiter zu kommen, da der todte Elbarm und der jenseits belegene Damm mit der dahinter aufgestellten Artillerie unbesieg=bare Hindernisse entgegen gestellt hatten. Mörderisches Kartätsch= und Gewehrfeuer schmetterte die Angreifer nieder; sie konnten dem=selben nichts entgegensetzen, da der Feind unsichtbar hinter dem Damm vor, das Tirailleurfeuer der Preußen durch vollständige Salven erwiderte. Besonders unbequem wurde den Angreifenden eine Batterie von nur wenigen Geschützen auf dem linken Flügel der feindlichen Stellung — a"; sie stand höher als die Angreifer, im Gebüsch völlig verdeckt, und konnte die vorliegenden Wiesen wirksam bestreichen.

Oberst v. Steinmetz stellte die Massen seiner Bataillone möglichst verdeckt, an dem östlichen Rande des „hohen Holzes" auf — E.E. und verstärkte von dort aus die Tirailleurs, die überaus litten*). Die in Reserve gehaltenen beiden Bataillone Larisch und Martitz, wurden bis an die Lisiere des hohen Holzes herangezogen.

Die halbe 6pfündige Fußbatterie Nr. 2 (Lieutenant Lange) welche sich bei der ersten Brigade befand, versuchte jene Batterie im linken Flügel der feindlichen Stellung zum Schweigen zu bringen; es stand dieselbe aber so verdeckt, daß Lieutenant Lange anfänglich keinen Platz zur Aufstellung finden konnte und sich schließlich nach dem aufsteigenden Rauche der feindlichen Batterie richten mußte; so wurde zuerst 1 Haubitze, dann noch eine der vom Prinzen von Mecklenburg zurückgekehrten halben Batterie Nr. 1, dann die Kanonen der eigenen halben Batterie und endlich die andere halbe, von Elster herüber geholte, Batterie Nr. 2 in Position gebracht. Diese 9 Geschütze — b. — b." hatten einen schweren Stand, so daß die Bedienungsmannschaften wiederholt aus den nahe stehenden Bataillonen ergänzt werden mußten. Die Situation war um so schwieriger, als der Feind nördlich Wartenburg Ge-

---

*) Die Wartenburger Landleute sagen, an den sogenannten Brückenhügeln, auf den jetzigen Pfarrwiesen (Bruchwiese) lägen sehr viel Todte begraben; die meisten des Steinmetzschen Angriffs lägen jedoch auf den, dem Dorfe zunächst liegenden Feldstücken, nördlich des Weges von Elster nach Wartenburg (westlich des neuen Dammes), nicht weit von der über den Streng führenden Brücke. Diese Feldstücke seien von der dieselben begränzenden, „neuen Wiese" (Bruchwiese) durch ein das Vieh abwehrendes Gehäge, welches den angreifenden Preußen einige Deckung gewährt habe, getrennt gewesen.

Der Weg von Elster nach Wartenburg hatte übrigens im Jahre 1813 fast dieselbe Richtung wie jetzt; ein Weniges bog er mehr nach Norden ein.

schütze schweren Kalibers placirt hatte — aa'a", welche das ganze vorliegende Terrain bestrichen und mit Granaten bewarfen*).

Inzwischen wurde der Prinz von Mecklenburg mit seinen 4 Bataillonen durch Elstersche Landleute**), möglichst gedeckt durch die Bäume, an der Nordseite des Moyenhainichtgrabens (kleine Streng) durch mehrere Wasserlachen hindurch, dem Elbdamm zugeführt, wo man "im Eichwalde" zwischen dem Anfange des Grabens und dem Elbdamm einen schmalen Durchgang fand.

Hier, es war 9 Uhr, stieß der Prinz auf die Tirailleurs des beim alten Dammwachthause aufgestellten Pikets der Franquemontschen Division. Es wurden dieselben zurückgewiesen; man folgte durch den "Eichwald" auf die freie Feldflur — "Schützberg"; — grade vor auf etwa 2500 Schritt sah man den Kirchthurm von Bleddin.

Der Prinz ließ nun das 2. Bataillon des 2. ostpreußischen Infanterie-Regiments, — dessen Tirailleurs leider beim Siöholmschen Detachement zurückgeblieben waren, — dicht an dem Elbdamm (Flügeldamm), aber zur Festhaltung desselben, das Landwehr-Bataillon Koseck, etwas mehr rechts zur Verbindung und Sicherung seines Rückzuges stehen, während er selbst mit dem schlesischen Grenadier-Bataillon und dem Füsilier-Bataillon 1. ostpreußischen Infanterie-Regiments sich, ohnerachtet des Widerrathens der führenden Landleute, rechts durch die Obstpflanzung wandte, um Wartenburg in der Flanke anzufassen. Die Landleute versicherten wiederholt, es sei auch hier nicht möglich, nach Wartenburg hinein zu kommen, man müsse erst über Bleddin, von wo aus freies Feld bis Wartenburg zu

---

*) Wartenburger erzählen, als die preußische Batterie auf der Bruchwiese keinen Punkt zur Aufstellung habe finden können, sei ein Unteroffizier auf einen Baum geklettert, um die Stellung der feindlichen Batterie an der Hengsthainichte zu ermitteln. Er sei darin auch so glücklich gewesen, daß, als er nachher herabgestiegen sei und gezielt habe, ein feindlicher Munitionswagen in die Luft geflogen sei.

**) Der frühere Fährmann in Elster — Wegner — behauptet, sein Vater sei der Führer gewesen.

finden sei. Grade aber das freie Feld, sowohl vor als hinter Bleddin, fürchtete der Prinz, weil er seinen Angriff nur mit schwachen Kräften und nur mit Infanterie allein unternehmen konnte. Er blieb bei seinem Vorsatz, wenigstens zu versuchen, direkt auf die rechte Flanke von Wartenburg loszugehen.

Bald erhielten die beiden Bataillone, bei denen sich der Prinz persönlich befand, von Wartenburg und von den vor Bleddin aufgestellten württembergischen 4 Geschützen Granat- und Kugelfeuer. Gleichzeitig meldeten vorausgeschickte Offiziere über die sehr feste Position, in welcher der Feind aufgestellt sei; es hieß, er stände verschanzt hinter großen Wasserlachen. Die Situation wurde für den Prinzen bedrohlich, als plötzlich von dem an dem Elbdamm zurückgelassenen 2. Bataillon 2. ostpreußischen Infanterie-Regiments die Meldung einging, daß der Feind von Bleddin her vorrücke und die Tirailleurs des Bataillons bereits aus dem freien Felde des Schützberges zurückgeworfen habe. Mit Recht besorgte der Prinz von der einzigen Stelle, die ihm den Rückzug über den Moyenhainichtgraben (kleine Streng) gestattete, abgeschnitten zu werden; er eilte zurück und erreichte glücklich den Durchgang am Elbdamm. Dem General York ließ er melden, daß man Wartenburg nur über Bleddin erreichen könne, daß dazu aber mehr Kräfte erforderlich, als ihm zu Gebote ständen, daß namentlich Artillerie und Kavallerie nöthig seien.

General Graf Franquemont war, als der erste Angriff des Sjöholmschen Detachements auf die französischen Vorposten erfolgt war, durch den General Graf Bertrand benachrichtigt worden, daß ein preußisches Korps über die Elbe gegangen sei; zugleich erhielt er den wiederholten Befehl, daß Bleddin auf das Aeußerste gehalten werden solle. Graf Franquemont erneute die schon erhobenen Vorstellungen wegen der Schwierigkeit seiner Stellung, ließ im Laufe des sich vor Bleddin entwickelnden Gefechtes mehrfach um Unterstützung bitten, erhielt dieselbe aber nicht. — Die französische Truppen-Aufstellung blieb auch jetzt unverändert, wo dem Graf Bertrand durch die Bewegung des Prinzen von Mecklenburg gegen Bleddin klar werden mußte, daß die Preußen den schwächsten Punkt in seiner Stellung aufgefunden hatten.

General York hatte sich bisher bei den Steinmetzschen Truppen aufgehalten. Seine der Ansicht Gneisenau's, daß der Feind in Wartenburg nicht stark sei, entgegengestellten Bedenken hatte er längst bestätigt gefunden. Bei aller Tapferkeit der Truppen war bis jetzt nirgends ein Ankommen, geschweige denn ein Erfolg möglich geworden. Die bedeutendsten Opfer an Menschenleben waren schon zu beklagen. Der General ritt selbst in die Tirailleurlinie, bis nahe vor Wartenburg heran, um sich durch eigene Anschauung von der Lage der Verhältnisse Kenntniß zu verschaffen. Feindliches Kartätsch- und Schützenfeuer wurde auf ihn und sein Gefolge gerichtet; an seiner Seite wurde Kapitain Delius durch eine Kartätschkugel in den Mund verwundet, außerdem mehrere Ordonnanzen und Pferde, unter letzteren auch das Pferd des Artillerie-Kommandeurs, Oberst-Lieutenants v. Schmidt*).

York ließ die, des großen Verlustes wegen, etwas zurückgenommenen Tirailleurs verstärken und ging persönlich mit ihnen gegen Wartenburg vor; — umsonst, er erkannte, daß hier nur von der Flanke her ein Erfolg möglich sei, und befahl dem Oberst v. Steinmetz, die Tirailleurs zurückzunehmen und sich lediglich auf die Defensive zu beschränken.

Es handelte sich vor Allem darum, das feindliche Geschützfeuer zu schwächen; dies war bei der Beschaffenheit des Terrains nur vom rechten Ufer aus möglich, und so erhielt Oberst-Lieutenant v. Schmidt den Befehl, zu versuchen, auf dem jenseitigen

---

*) „Man sah deutlich", schreibt einer von Yorks Adjutanten „die sandige Höhe hinter Wartenburg mit Artillerie gespickt." Droysen, 3. Band, S. 109.

Ufer eine schwere Batterie aufstellen zu lassen, welche die feindlichen Geschütze nördlich Wartenburg zum Schweigen bringen sollte.

Von den 12pfündigen Batterien des Yorkschen Korps war die Batterie Nr. 2 oberhalb Elster — c.; 4 Kanonen und 2 Haubitzen der Batterie Nr. 1, unterhalb des Dorfes — e, neben der halben 12pfündigen Batterie Nr. 4 des Bülowschen Korps — d" zur Deckung der Brücken aufgestellt. Oberst-Lieutenant v. Schmidt befahl jetzt dem Kommandeur der Batterie Nr. 1 (Lieutenant Witte), dem ebenerwähnten Befehle des Generals zu genügen. Lieutenant Witte bemühete sich lange Zeit vergeblich, einen geeigneten Platz für seine Geschütze aufzufinden; die feindliche Artillerie stand in dem bewaldeten Terrain des linken Ufers so verdeckt, daß man vom rechten Ufer aus nirgends eine Aussicht auf dieselbe erlangen konnte. Wir kommen auf die Thätigkeit der Witte'schen Geschütze zurück.

Während dieser Ereignisse waren auch die 7. und 8. Brigade (v. Horn und v. Hünerbein) über die Brücken gezogen*) und hatten jenseits Kolonnen formirt.

---

*) Nach dem Tagebuch des jetzt noch lebenden Krämers Rockland in Elster waren Blücher und General Reiche am 3. Oktober bei ihm im Quartier. —

Blücher hielt bei dem Uebergange der Truppen an den Brücken, so erzählt ein Augenzeuge, und redete die Truppen in seiner kernigen Weise an. Einem schlesischen Landwehr-Bataillon rief er zu: „Kerls, Ihr seht ja aus, wie die Schweine! Aber sch..... an der Katzbach habt Ihr die Franzosen gut geschlagen. Damit ist's noch nicht alle, Ihr müßt sie heute wieder schlagen, sonst sind wir Alle — —." Er bediente sich eines Kraftausdrucks, wie er sie leicht zur Hand hatte und mit denen er dann nie die Wirkung verfehlte.

Als die schwarzen und die Mecklenburger Husaren, ihre Pferde über die losen Bretter der Brücke am Zügel führend, bei ihm vorbeikamen, rief er ihnen zu: „Husaren, wer nicht siegt, muß in der Elbe ersaufen; die Brücke lasse ich hinter uns abbrennen!" welche Anrede jedoch von mehreren alten Husaren, als überflüssig, murrend aufgenommen wurde.

Fouqué erzählt, als aus Blüchers Munde gehört: Ein Landwehr-Bataillon, welches über die Brücke gehen sollte, sehr zerlumpt vom bisherigen Feldzuge und nicht in bester taktischer Ordnung gewesen, habe mit dem Uebergange aus Mißverständniß oder zufälligen Ursachen nicht sogleich fertig werden können. Da sei Blücher auf dasselbe mit den Worten losgefahren:

Wir haben die Brigaden des Prinzen von Mecklenburg und des Oberst v. Steinmetz begleitet; Ersterer hatte über die Lage der Sachen vor Bleddin an York melden lassen; bei Steinmetz hatte York selbst gesehen, wie es stand. — Es war 11 Uhr geworden; dem Gefecht mußte eine entscheidende Wendung gegeben werden.

General York gab demnächst folgende Disposition: „Die 1. Brigade beschäftigt den Feind in der Front und auf dessen linkem Flügel; die 7. Brigade bleibt verdeckt zur Unterstützung des Prinzen Carl von Mecklenburg stehen und unterhält die Verbindung zwischen der 1. und 2. Brigade; der linke Flügel unter dem General-Major Prinzen Carl von Mecklenburg dringt rasch auf das Dorf Bleddin vor, vertreibt den Feind daraus und sucht mittelst einer Rechtsschwenkung den Feind in seiner rechten Flanke zu umgehen; die 8. Brigade bildet die Reserve und bleibt an dem Wege stehen, welcher von den beiden Schiffbrücken nach Wartenburg führt. Sobald die 2. Brigade das Dorf Bleddin genommen und des Feindes rechten Flügel umgangen hat, greifen die 1. und 7. Brigade die feindliche Stellung in der Front an, lassen das Dorf

---

„Ihr Schweinezeug, Ihr scheint keene Lust zu haben, da drüben anzubeißen; aberscht, Euch soll bet Donnerwetter regieren! wenn Ihr nicht fortmacht, laß ick Feuer uf Euch geben!" — Das Bataillon habe sich mit Ruhm bedeckt. — Als nun am anderen Tage Blücher sich vor der Front gezeigt, habe ihm Alles entgegen gejubelt, nur das erwähnte Bataillon sei stumm geblieben. Blücher habe gefühlt, daß eine Reparation nothwendig gewesen, er sei zum Bataillon zurückgeritten und habe gesagt: „Aberscht Kinder, seid doch keene dummen Deuwels nich, un globt, bet ick bet gestern im Ernst gemeent hebbe; ick weeß, bet Ihr alle bichtige Kerls seid, ick hebbe ja man gespaßt." Ein schallendes Hurrah und großer Jubel des Bataillons sei die Antwort gewesen.

Auch General Horn war an der Brücke, er saß auf einer Trommel und horchte auf das Feuer. Als das Leib-Regiment, das Füsilier-Bataillon an der Tete, mit dem Gesange: „Prinz Eugenius der edle Ritter" zum Uebergange fröhlich heran kam, rief er ihm zu: „das ist einmal wieder eine schöne Musik, Gottlob, daß wir sie wieder hören!"

Wartenburg durch einige Bataillone stürmen und umgehen dasselbe mit dem übrigen Theile ihrer Truppen von beiden Seiten*).

Diesem Befehl entsprechend wurde das weitere Gefecht eingeleitet. Der Prinz Carl von Mecklenburg wurde durch die beiden Musketier-Bataillone des 1. ostpreußischen Infanterie-Regiments (Oberst-Lieutenant v. Lobenthal), durch das mecklenburgische Husaren-Regiment (4 Eskadrons, Oberst v. Warburg) und durch 3 Eskadrons des 2. Leib-Husaren-Regiments (Major v. Stößel) verstärkt. Der General v. Horn überließ dem Prinzen 5 Geschütze der 6pfündigen Fuß-Batterie Nr. 3 (Kapitain Ziegler); außerdem wurde die jenseits der Elbe zurückgebliebene halbe 6pfündige Fuß-Batterie Nr. 1 (Lieutenant Stern) zu der Brigade des Prinzen herangezogen, so daß dieselbe stark wurde: 6 Bataillone, 7 Eskadrons, 13 Geschütze.

General v. Horn verabredete mit dem Prinzen die gegenseitige Unterstützung und rückte mit 8 Bataillonen der 7. Brigade längs der Elbe vor. Es waren dies das Leib-Infanterie-Regiment 3 Bataillone, das Bataillon Thüringer, die Landwehr-Bataillone Sommerfeld (Hirschberg), Pettingkofer (Falkenberg), Reichenbach (Löwenberg), Knorr und Kotulinsky (letzteres — Hirschberg-Bolkenhain — nach der Schlacht von Dennewitz zu einem Bataillon vereinigt)**). Hierzu kamen 3 Geschütze der 6pfündigen Fuß-Batterie Nr. 3 — LL.

Die 8. Brigade (v. Hünerbein) blieb südlich des Weges von Elster nach Wartenburg, etwa 2000 Schritt vorwärts der Brücken, stehen. Es bestand diese Brigade aus: dem brandenburgischen Infanterie-Regiment und dem 12. Reserve-Infanterie-Regiment zu je 2 Bataillonen und aus dem (Oppelnschen) Landwehr-Ba-

---

*) Siehe Plotho, 2. Theil, S. 280.

**) Die Bataillone Reibnitz (Leobschütz) und Courbiere (Schweidnitz) waren an dem Brückenkopf zum Schanzen zurückgeblieben, ebenso in der Nähe der Brücken, die Brigade-Kavallerie, 2 Eskadrons schlesischen Landwehr-Kavallerie-Regiments Nr. 3. — 3 Eskadrons brandenburgischen Husaren-Regiments waren zur Avantgarde kommandirt. S. Schlachten u. Treffen ꝛc. S. 68.

taillon Kemsky, in Summa aus 5 Bataillonen. Das Füsilier-Bataillon des brandenburgischen Regiments, nebst 2 Geschützen der 6pfündigen Fuß-Batterie Nr. 15, wurden zur Verbindung mit der 7. Brigade, etwa 2000 Schritt vorgeschoben; die anderen 6 Geschütze der benannten Batterie blieben hinter der Brigade — MM.*).

Nachdem sich der Prinz von Mecklenburg nach dem Durchgang zwischen dem Elbdamm und dem Moyenhainichtgraben (kleine Streng) zurückgezogen, hatte er für die Artillerie und Kavallerie Brücken und Wege durch den Moyenhainichtgraben herstellen lassen, um den erbetenen Verstärkungen eine möglichst freie Entwickelung vorzubereiten. Während dieser Zeit befand sich das 2. Bataillon 2. ostpreußischen Infanterie-Regiments auf dem Elbdamm und das schlesische Grenadier-Bataillon in dem Eichwalde, nördlich des Schützberges, mit ihren Tirailleurs und freiwilligen Jägern in so lebhaftem Gefecht, daß die Tirailleurs erstbenannten Bataillons mehrmals verstärkt und mit frischer Munition versehen werden mußten**).

General Graf Franquemont hatte, als das Piket am Dammwachthause angegriffen wurde, ein Bataillon zur Unterstützung vorgehen und die am Elbdamm vorgedrungenen feindlichen Tirailleurs zurückwerfen lassen. Wir haben gesehen, daß dieser Um-

---

*) Die Landwehr-Bataillone Brixen (Löwenberg) und Gfug (Ratibor) blieben an der Elbe stehen. Das erstere deckte 4 Kanonen. Siehe Schlachten und Treffen 2c. S. 68.

**) Dies Bataillon (das 2. des 2. ostpreußischen Infanterie-Regiments) hatte am 29. August bei Löwenberg einen Augenblick gewankt; York hatte am Abend nach dem Gefecht, als das Bataillon an ihm vorbeimarschirte, sich abgewandt. Das Bataillon hatte diese harte Strafe tief empfunden. Jetzt, vor Wartenburg, erbat es sich den schwersten Posten; es mußte die Deckung der an den Uebergängen über den Moyenhainichtgraben Arbeitenden übernehmen; „es stand etwa 30 Schritt vor dem Holze; der Feind, hinter den Bäumen verborgen, schoß auf ihre Linie ungestört, wie man nach einem Wildpret zielt. Rechts und links fielen die Braven; die übrigen standen, auch ihre Kugel erwartend". — Aus einem Briefe des Feldpredigers Schultze vom 20. Oktober 1813.

stand den Prinzen von Mecklenburg veranlaßte, mit seinen 2 Bataillonen schleunigst nach dem oft erwähnten Durchgange an dem Elbdamme zurückzueilen*).

Gehen wir zu dem Prinzen von Mecklenburg zurück. Nachdem endlich, — es war fast 1 Uhr geworden, — die ersten Geschütze über den Moyenhainichtgraben (kleine Streng) gegangen waren, rückte er, in dem Augenblick wo ein Befehl Blüchers einging, Bleddin solle angegriffen werden, in folgender Formation gegen das Dorf.

Oberst-Lieutenant v. Lobenthal ging mit den beiden Musketier-Bataillonen des 1. ostpreußischen Infanterie-Regiments unmittelbar an der Elbe, hinter dem deckenden Damm gegen Bleddin vor. Rechts rückwärts (westlich des Dammes) folgten als zweites Echelon das bis auf 2 Züge reduzirte 2. Bataillon 2. ostpreußischen Infanterie-Regiments, und das etwa 200 Mann starke Landwehr-Bataillon Kosecky. Noch weiter rechts zurück folgten als 3. Echelon das schlesische Grenadier-Bataillon und das Füsilier-Bataillon 1. ostpreußischen Infanterie-Regiments, hinter

---

*) Ein Theilnehmer des Gefechtes an dem Elbdamm sagt darüber: „Am heftigsten entwickelte sich das Gefecht am Damm ꝛc." „Hier leisteten unsere zwei Bataillons, von der Batterie unterstützt, im Schutze der Bäume und des Dammes den hartnäckigsten Widerstand; doch zusehends nahm die feindliche Plänkerlinie zu, es waren preußische Jäger, die mit großer Entschlossenheit den Damm endlich erstürmten ꝛc." „Durch den Leib geschossen, fiel Hauptmann v. Langen den Damm hinab ꝛc."

Nachdem der Verfasser der Standhaftigkeit des schwer verwundeten Lieutenants Reinhardt gedenkt, fährt er fort:

„Nach einem zweistündigen, mörderischen Gefecht, wobei wir sämmtliche Munition verschossen hatten, wurde unser Regiment (Bataillon?) durch ein leichtes Bataillon und eins vom Regiment Nr. 1 abgelöst, wodurch nun auch die beim Dorfe in Reserve gestandene leichte Brigade am Kampfe Theil nahm, während sich unsere Reiterei hinter Bleddin befand ꝛc." Siehe C. v. Martens. Vor 50 Jahren. II. Theil.

letzterem Echelon die 7 Eskadron's Kavallerie und in den Intervallen der Echelons die 9 Geschütze — FF*).

Wir haben gesehen, daß Graf Franquemont das am Dammwachthause aufgestellt gewesene Bataillon durch ein anderes Bataillon verstärkt hatte; die preußischen Tirailleurs und freiwilligen Jäger wurden zurückgewiesen; die noch vorhandenen 2 Züge 2. Bataillons 2. ostpreußischen Infanterie-Regiments eilten dem Oberst-Lieutenant v. Lobenthal zu Hülfe, so daß die Württemberger wiederum weichen mußten. Graf Franquemont war in der übelsten Lage; er hatte fast keine Reserve mehr und keine ausreichende Verbindung mit den nächsten Truppen! — Er schickte noch ein halbes Bataillon vor, so daß er nur noch 1 Bataillon vor und ein halbes Bataillon hinter dem Dorfe in Reserve hatte. Was er mit Recht befürchtet, trat ein, — er sah das aus allen Waffen bestehende Detachement des Prinzen von Mecklenburg auf die Ebene des Schützberges heraustreten; die feindlichen Geschütze feuerten im Avanciren in halben Batterien; er sah außerdem feindliche Infanterie (von der 7. Brigade) durch den Wald gegen die Kahle Kaite und gegen den Sauanger sich vorbewegen. Er sah seine Verbindung mit den anderen Divisionen ernstlich bedroht und überzeugte sich mehr und mehr, daß von einem längeren Widerstande hier keine Rede mehr sein könne.

Noch einmal ließ er Graf Bertrand die Situation melden und zugleich dringend um Verstärkung bitten. Er erhielt die Antwort: „daß keine Truppen zur Verstärkung der württembergischen Division disponibel seien, daß aber gegen die in der Mitte der Stellung vordringenden Preußen (Horn), die Division Fontanelli vorrücken werde". Nochmals wiederholte Vorstellungen Franquemonts blieben unbeachtet. Es blieb ihm nichts übrig, als

---

*) Die eine halbe 6pfündige Fuß-Batterie Nr. 1 (Kapitain Huet) war inzwischen vom Prinzen wieder herangezogen; der andere Zug dieser Batterie (Lieutenant Stern) traf erst etwas später — vor Blebbin — bei der 2. Brigade ein.

sich auf Bleddin zurückzuziehen" und seine Truppen hinter dem Dorfe zu sammeln.

Der Rückzug der Württemberger wurde, — man erwäge, wie lange diese wenigen Bataillone im Gefecht gestanden hatten, — langsam und in musterhaftester Ordnung ausgeführt. Das Bataillon, welches vor dem Dorfe noch aufgestellt war, trat mit ins Gefecht; das halbe, noch in Reserve gebliebene Bataillon besetzte Bleddin und bereitete eine Aufnahmestellung vor. Es sollte diese gehalten werden, bis von den zurückgehenden Truppen hinter dem Dorfe eine neue Stellung genommen sei. Letztere hatten sich vollständig verschossen, so daß hinter Bleddin neue Munition ausgegeben werden mußte.

Der Angriff des Prinzen von Mecklenburg war in der Formation fortgesetzt, wie wir sie angegeben haben; das Füsilier-Bataillon 1. ostpreußischen Infanterie-Regiments zugleich rechts im Walde mit der 7. Brigade Verbindung haltend.

Nach einigem, in Betracht der geringen Besatzung sehr tapferem Widerstande wurde Bleddin genommen; — es war 2 Uhr. Das 2. Bataillon 1. ostpreußischen Infanterie-Regiments drang von der Elbe her, die beiden anderen Bataillone des 1. Echelons*) auf dem Wege von Wartenburg her ein, wobei einige Gefangene gemacht wurden**). Die Tirailleurs folgten dem Feinde.

Etwa 800 Schritt südlich Bleddin suchte die Franquemontsche Division — ihre 6 Geschütze auf dem linken Flügel — neue Aufstellung zu nehmen, welche jedoch nicht vollendet werden konnte, da inzwischen

---

*) Das 1. Echelon war durch das 2. Bataillon 2. ostpreußischen Infanterie-Regiments verstärkt worden.

**) Der Lieutenant Schröder vom 1. ostpreußischen Infanterie-Regiment warf sich bei dieser Gelegenheit, mit großer Entschlossenheit, mit seinem Zuge in ein württembergisches Bataillon, um sich der Fahne zu bemächtigen; doch mußte er ablassen, weil ein anderes nahestehendes württembergisches Bataillon ihn von der Flanke angriff.

die preußische halbe 6pfündige Fuß-Batterie Nr. 1 (Lieutenant Stern) von Elster eingetroffen — zugleich mit der Kavallerie des Prinzen von Mecklenburg — Bleddin westlich umgangen hatte. Als die Tirailleurs des 2. Echelons des Prinzen den von Bleddin nach Wartenburg führenden Damm erreichten, sahen sie die Württemberger in vollem Rückzuge auf Globig, gedeckt durch die vor diesem Dorfe vorgegangene Kavallerie-Brigade Beaumont.

Graf Franquemont hatte sich in richtiger Beurtheilung seiner Schwäche, und da er sah, daß zu seiner Unterstützung nichts geschah, längs der Elbe auf Trebitz zurückziehen wollen (wodurch er zugleich zu erreichen glaubte, die Preußen bei deren weiterem Vorgehen in der linken Flanke und im Rücken bedrohen zu können), — als er unter Bezugnahme auf den Schutz, den ihm die Brigade Beaumont gewähren würde, den bestimmten Befehl erhielt, sich der Division Morand anzuschließen.

Die Württemberger konnten die Morandsche Division natürlich nicht mehr auf gradem Wege erreichen, nur auf dem Umwege über Globig war es noch möglich; — doch schon erschien gemeinschaftlich mit der Sternschen halben Batterie die Kavallerie des Prinzen westlich Bleddin. Die Württemberger suchten nun Globig eiligst und in grader Richtung zu gewinnen; sie trafen dabei auf einen Sumpf, den die Artillerie und Kavallerie links umgingen; die Infanterie arbeitete sich mit großer Mühe durch. Diese Bewegung der württembergischen Division war noch nicht ganz ausgeführt, als die Brigade Beaumont durch die Kavallerie des Prinzen von Mecklenburg attakirt wurde — G.

Oberst-Lieutenant v. Warburg, Kommandeur des mecklenburgischen Husaren-Regiments war mit der Kavallerie des Prinzen zuerst den Württembergern gefolgt, erblickte jedoch bald die Beaumontsche Kavallerie vor Globig und erbat sich die Erlaubniß, diese mit den ihm untergebenen 6 Eskadrons (3 Mecklenburger, 3 vom 2. Leib-Husaren-Regiment) — 1 Eskadron Meck-

lenburger war bei der Infanterie des Prinzen detachirt — atta-
kiren zu dürfen.

Die halbe 6pfündige Fuß-Batterie Nr. 1 (Lieutenant Stern) hatte
sich an der Windmühle, westlich Bleddin, placirt — I, und beschoß in
wirksamster Weise die feindliche Kavallerie; diese fing an zu
schwanken; es war augenscheinlich Unentschlossenheit wahrzunehmen,
denn sie zog sich erst rechts, als wenn sie sich der württembergischen Division anschließen wollte, dann schwenkte sie wieder ein,
als wolle sie den Angriff abwarten.

Oberst-Lieutenant v. Warburg war mit den fröhlichen Worten: „Herr Bruder, die Kerls sind alle unser!" an den Major
v. Stößel herangesprengt, und weiter zu der auf dem linken Flügel befindlichen Artillerie reitend, rief er deren Führer zu: „Nun
schweigen Sie nur stille, Herr Kamerad! Trompeter, Signal Trab!"
So ging der Angriff vorwärts. Die 3. mecklenburger Eskadron
auf dem rechten Flügel, und demnächst die anderen Mecklenburger,
dann die 2. und 3. des 2. Leib-Husaren-Regiments, also 5 Eskadrons in Front; die 4. Eskadron des letztgenannten Regiments
folgte hinter dem linken Flügel als Reserve*). — Die Attake bewegte
sich nicht parallel zur Aufstellung des Feindes; die Mecklenburger
(rechter Flügel) kamen zuerst an denselben heran. Die feindliche
Kavallerie, welche mit ihrem linken Flügel näher gegen Globig stand,
schwenkte mit Zügen links ab und trabte ein gutes Stück fort, wahrscheinlich um einer befürchteten Ueberflügelung Seitens der Mecklenburger zu begegnen; dann machte sie Front und erwartete den
Choc, mit dem Rücken gegen das Dorf Globig, vielleicht nicht
100 Schritt von demselben entfernt. Als die attakirenden Hu-

---

*) Die 1. und die Jäger-Eskadron des 2. Leib-Husaren-Regiments
waren detachirt. Nach anderen Nachrichten ist die 3. Eskadron detachirt gewesen, und die 1. hat die Attake mitgemacht. S. Reminiscenzen aus den
Kriegsereignissen des 2. Leib-Husaren-Regiments in den Feldzügen von
1813 und 1814. — Eine Eskadron Mecklenburger war beim Prinzen zurückgeblieben.

faren bis auf etwa 10 Schritt herangekommen waren, wandten sich die Beaumontschen Reiter, jeder wie er konnte, zur Flucht; sie wurden nun förmlich gegen das Dorf gequetscht. Der einzige Eingang in dasselbe von dieser Seite war bald mit Feind und Freund verstopft, ebenso die geräumige Dorfstraße, so daß einzelne feindliche Abtheilungen in die Bauerhöfe hineingeriethen und dort widerstandslos gefangen genommen wurden. Jenseits des Dorfes wurde die Verfolgung zur wahren Hetzjagd, so daß das von allen Seiten ertönende Signal „Appel!" absichtlich und unabsichtlich erst spät befolgt wurde*). Ein Oberst-Lieutenant, mehrere Offiziere und etwa 200 Mann wurden zu Gefangenen gemacht, viele Feinde niedergehauen und eine Menge Beutepferde genommen.

Die 4. Eskadron des 2. Leib-Husaren-Regiments war dem Angriff auf einige hundert Schritt gefolgt. Der Führer derselben, Lieutenant Dallmer, hatte den Befehl, mit der Eskadron zwischen der feindlichen Kavallerie und feindlichen Infanterie durchzugehen und die württembergische Artillerie anzugreifen; er erreichte selbige bei der Windmühle von Globig, wo sie so eben von dem Uebergange über die Leine her eingetroffen und in dem guten Glauben, die Brigade Beaumont werde Stand halten, ohne Partikularbedeckung den anderen württembergischen Truppen vorausgeeilt war und abgeprotzt hatte, um den Uebergang der übrigen

---

*) Im Wesentlichen nach dem Bericht des Oberst-Lieutenants v. Warburg und nach der Schilderung des damaligen Lieutenants v. Bonin, vom 2. Leib-Husaren-Regiment. Siehe Militair-Wochenblatt 1847. S. 5 u. ff.

Wenn der damalige Lieutenant Stern nachmalig berichtet (Militair-Wochenblatt 1846 S. 213 und folgende), daß der Kampf erst in Globig begonnen haben könne, da die feindliche Kavallerie von dem Warburgschen Angriffe östlich Globig nicht mehr erreicht worden sei, so streitet diese Angabe zwar scheinbar gegen die Berichte des Oberst-Lieutenants v. Warburg und Lieutenants v. Bonin; doch ist es immer möglich, daß die attakirende Linie die französische so gedeckt hat, daß die letztere, von dem Standpunkt des Lieutenants Stern aus, nicht hat gesehen werden können; auch ist ja der Angriff so nahe an Globig auf die feindliche Linie gestoßen, daß diese unmittelbar danach in dem Dorfe verschwunden sein mag.

Truppen über die Leine zu decken — KK. Die Eskadron nahm 3 Kanonen, 2 Haubitzen und 4 Munitionswagen*).

Erst ein württembergisches Bataillon mit dem Divisionsstabe hatte den Leine-Uebergang passirt; die Dallmer'sche Eskadron warf sich auf dasselbe. Noch ehe es Quarrée formiren konnte, war es umringt und in Gefahr, vernichtet zu werden. Etwa 30 berittene Offiziere hatten sich zu einem Zuge formirt, um die verlorenen Geschütze wieder zu erobern; sie wurden zurückgeworfen, degagirten aber zugleich das vorerwähnte Bataillon, welches schleunigst über die Leine zurückeilte.

Graf Franquemont gab nun die Vereinigung mit der Morand'schen Division auf und zog sich, anfänglich noch von den schwarzen Husaren verfolgt, nach Schnellin zurück, wohin sich die eine, den Württembergern gebliebene, übrigens demontirte Kanone ebenfalls gerettet hatte. Von Schnellin aus suchte die Division mit den beiden anderen Divisionen, welche inzwischen in fast entgegengesetzter Richtung das Schlachtfeld geräumt hatten, Verbindung anzuknüpfen. Es gelang dies aber nicht, da sich gegen Abend russische Kavallerie Schnellin näherte.

Die tapferen Reste der württembergischen Division zogen sich noch am 3. über Reinharz, Schmiedeberg und Düben über die Mulde zurück, wo die Brücke zum Abbrechen vorbereitet wurde. Spät Abends trafen sie in Wöllaune auf dem linken Ufer der Mulde ein. Am 4. Morgens wurde die Brücke bei Düben abgebrochen, und der Rückzug gegen Leipzig fortgesetzt**).

---

*) Wir sind hier den offiziellen Berichten gefolgt. Wenn Lieutenant v. Bonin a. a. O. die Fortnahme der Geschütze für sich und seinen Zug in Anspruch nimmt, so hat er bei dieser Fortnahme gewiß tapfer mitgeholfen und die Theilnahme der 4. Eskadron an diesem Akt übersehen.

**) Es ist hier noch eines Vorfalls zu gedenken, welcher sich bei Globig zutrug. Als nämlich die 4. Eskadron des 2. Leib-Husaren-Regiments die württembergischen Geschütze genommen hatte, zwang der Lieutenant Reiche mit geschwungenem Säbel einige feindliche Artilleristen, auf die eigene Infanterie zu schießen. Die Mißbilligung der Kameraden veranlaßte den Lieu-

Gehen wir nun zu der 7. Brigade zurück. Wir haben gesehen, daß General v. Horn mit 8 Bataillonen und 3 Geschützen längs der Elbe, nördlich des Moyenhainichtgrabens (kleine Streng), vorgerückt war; er stellte 6 Bataillone, mit großen Intervallen, in zwei Treffen, am Rande des Waldes, mit dem linken Flügel an die Elbe gelehnt, verdeckt auf. Das Leib=Füsilier=Bataillon und das Thüringer Bataillon wurden zur Verbindung zwischen dem Oberst v. Steinmetz und dem Prinzen von Mecklenburg, zugleich als Flankensicherung für Letzteren, durch das bewaldete Terrain, gegen den Damm vor dem Sauanger, vorgeschoben — LL. Als Bleddin durch die Brigade des Prinzen angegriffen wurde, waren auch die beiden eben benannten Bataillone der 7. Brigade in ein lebhaftes Engagement getreten*).

Die Tirailleurs derselben mußten verstärkt, endlich beide Bataillone als Tirailleurs aufgelöst werden. Es waren Theile der Division Fontanelli, welche der Hornschen Brigade entgegentraten; Bertrand hatte sie gegen den Sauanger und die Kahle Kaite vorgehen lassen.

Zur Unterstützung der Leib=Füsiliere und der Thüringer sandte General York anfänglich von der 8. Brigade das Füsilier=

---

tenant Reiche, nach dem zweiten Schusse sein Verfahren einzustellen. Als York davon erfuhr, war er sehr ungehalten und bezeichnete dasselbe als „unsoldatisch" und als „eine Rohheit". Die Entschuldigung, daß sonst die feindliche Infanterie die Kanonen wieder genommen haben würde, ließ er nicht gelten.

*) Als das Leib=Füsilier=Bataillon (Kapitain v. Luck) die Stelle des gegen Bleddin vorgehenden schlesischen Grenadier=Bataillons einnehmen wollte, und dieses seine Tirailleurs eingezogen, ohne die der Füsiliere abzuwarten, folgte der Feind mit Geschrei. Die Lieutenants v. Beyer und v. Cranach des Leib=Füsilier=Bataillons stürzten sich mit ihren Tirailleurs auf den Feind und warfen ihn so kräftig zurück, daß die beiden Offiziere über den vorliegenden Sumpf bis auf den Damm vordrangen. Hier empfing die Tirailleurs aber ein so heftiges Feuer, daß sie sich, — die beiden Offiziere schwer verwundet, — zurückziehen mußten. Das Bataillon wurde nun in der Front und linken Flanke, später auch das Thüringer Bataillon mit Heftigkeit angegriffen.

Bataillon des brandenburgischen Infanterie-Regiments vor, nahm es aber wieder zurück und befahl erst später dem Oberst und Brigade-Kommandeur v. Weltzien, mit 3 Bataillonen einen Angriff zu unternehmen. General Horn befahl nun dem 2. Bataillon des Leib-Regiments, als Soutien der beiden engagirten Bataillone etwas rechts von diesen vorzugehen und die Tirailleurs mit in die Schützenlinie einrücken zu lassen.

Inzwischen war das Langeronsche Korps über die Elbe gegangen. Das zu demselben gehörende 8. Infanterie-Korps (Graf St. Priest) war, längs der Elbe vorrückend, auf dem linken Flügel der Brigade Horn eingetroffen, während das 10. Infanterie-Korps (Kapzewitsch), zur Unterstützung des Centrums bestimmt, zunächst ohnfern der Brücken stehen geblieben war. Durch das Eintreffen des St. Priestschen Korps war General Horn in der Aufgabe, die Brigade des Prinzen von Mecklenburg zu unterstützen, abgelöst; er konnte sich nun verstärkt zwischen diese und die Brigade Steinmetz in die Gefechtslinie hineinschieben und somit seinen beiden im Feuer befindlichen Bataillonen selbst die dringend nothwendig gewordene Unterstützung zuführen. Zu diesem Ende schwenkte er mit seiner Brigade rechts ab und ging in der Richtung auf den Sauanger vor. Das 1. Bataillon des Leib-Regiments folgte in Reserve — MM —.

Die tapfere Brigade des Oberst v. Steinmetz haben wir in der schwierigen Situation auf der Bruchwiese verlassen; sie wurde um so schwieriger, als sie bereits über 6 Stunden dauerte und die Brigade, nur zum Theil und unzulänglich gedeckt, dem heftigsten Feuer aller Art ausgesetzt war, ohne vorwärts zu können, aber auch ebenso ohne eine Rückwärts-Bewegung unternehmen zu dürfen, da bei einer solchen zu befürchten war, daß der Feind zur Offensive übergehen und die rechte Flanke der gegen Bleddin vorgehenden 2. Brigade gefährden möchte. Es galt hier die schwierigste Aufgabe für den Soldaten, — das zähe Festhalten im heftigsten Feuer. Die ganze Brigade war demselben ausgesetzt*). Das Gros des 1. Bataillons 2. ostpreußischen Infanterie-Regiments bestand nur noch aus 34 Rotten, geführt durch den Lieutenant v. Werner, den einzigen, noch übrig gebliebenen, doch verwundeten Offizier. Das Bataillon stand, trotz der enormen Verluste, die Fahne in der Mitte der wenigen Braven, fest wie ein Fels; es wurde endlich, mit Ausnahme seiner Tirailleurs, ganz zurückgenommen, dagegen die Feuerlinie nach und nach durch Tirailleurs der Landwehr-Bataillone Walther, Seidlitz und Mumm abgelöst. Auch diese Tirailleurs wurden zwei Mal verstärkt und eben so oft mit frischer Munition versehen; — sie wurden fast ganz aufgerieben, so daß zuerst das ganze Bataillon Walther, dann das Bataillon Mumm und schließlich das Bataillon Seidlitz als Tirailleurs aufgelöst werden mußten. Das Bataillon Fischer war als Soutien aufgestellt.

Als das Bataillon Walther, welches sich verfeuert hatte, abgelöst werden mußte, und dadurch auf kurze Zeit das Feuer nicht unterhalten werden konnte, stürmte der Feind sofort über den schmalen Damm vor Wartenburg vor, um zur Offensive überzugehen; doch wurde er durch das Feuer des ihm schnell entgegen tretenden Bataillons Mumm zurückgewiesen. — Gegen das Ende dieser Gefechtsperiode wurde von der 8. Brigade auch noch das Landwehr-Bataillon Brixen zur Deckung der Batterie Nr. 2 herangezogen.

Wir haben gesehen, daß Lieutenant Witte den Befehl erhalten hatte, mit der 12pfündigen Batterie Nr. 1 gegen die feindliche Position an der Hengsthainichte zu wirken. Es wurde ihm, wie schon erwähnt, sehr schwierig, einen zur Aufstellung geeigneten

---

*) Die feindlichen Granaten beschädigten sogar Mannschaften in den Kolonnen, welche von den Brücken längs der Elbe gegen Blebbin vorrückten.

Ort aufzufinden. Endlich bezeichneten ihm die Kavallerie-Vorposten des Bülowschen Korps einen solchen Platz in der Gallinschen Hainichte; er eilte mit 2 Kanonen und 2 Haubitzen über Iserbecka dorthin und richtete sein Feuer gegen den Rücken und die Flanke jener feindlichen Batterie — f. Es wurde dieselbe völlig überrascht, so daß die Bedeckung nach den ersten Schüssen der Witteschen Batterie, noch von Kartätschschüssen begleitet, nach Wartenburg zurückeilte. Bald ergriffen aber die Franzosen Gegenmaßregeln; 4 feindliche Geschütze — aus a machten Front gegen die preußischen 12pfünder, und 6 feindliche Geschütze nahmen diese zugleich in die Flanke — g, so daß Lieutenant Witte zuerst die beiden Kanonen und dann auch die beiden Haubitzen aus dem Feuer nehmen mußte. Hatte er auch keine direkten Erfolge erzielt, so hatte er doch durch das Abziehen des feindlichen Feuers von den Steinmetzschen Truppen auf seine eigene Batterie jenen einige Zeit lang Erleichterung verschafft. Später folgten dem Lieutenant Witte noch eine halbe reitende Batterie und 2 12pfündige Geschütze des Bülowschen Korps nach der Gallinschen Hainichte; — wir werden sie erst am Schluß des Gefechtes in Wirksamkeit treten sehen.

Oberst-Lieutenant v. Schmidt hatte inzwischen die 3pfündige Batterie Nr. 1 und die reitende Batterie Nr. 12 aus der Reserve-Artillerie auf das linke Ufer der Elbe genommen, um mehr Artillerie zur Hand zu haben. Sie erhielten Befehl, an den Brücken stehen zu bleiben.

Nachdem Oberst-Lieutenant v. Lobenthal Bleddin passirt hatte, detachirte er zur Sicherung seiner linken Flanke den Kapitain v. Buddenbrock mit 2 Zügen des 1. Bataillons 1. ostpreußischen Infanterie-Regiments, welche längs des Elbdammes fortgehen sollten. Bald erfolgte von dort die Meldung, daß eine feindliche Kolonne von Torgau her im Anmarsche sei. Auf die persönliche Meldung des Oberst-Lieutenants v. Lobenthal beim Prinzen v. Mecklenburg über diese Wahrnehmung, wurde ihm die in Reserve behaltene 1. Eskadron des mecklenburgischen Husaren-Regimentes und eine halbe 6pfündige Fuß-Batterie Nr. 1 (Kapitain Huet) mit dem Befehl zugetheilt, Front gegen Torgau, halten zu bleiben und auch das 3. Bataillon aus Bleddin heranzuziehen — H', da 1500 Russen unter General Bistram (von der 11. Infanterie-Division) dieses Dorf besetzt hatten. Als Oberst-Lieutenant v. Lobenthal vom Prinzen zurückkehrte, ging vom Kapitain v. Buddenbrock eine zweite Meldung ein, nach welcher die vorhergemeldete feindliche Kolonne wieder umgekehrt sein sollte*).

General Blücher war inzwischen bis in die Ebene des Schütz-berges vorgeritten; er war unruhig geworden, ob der bedeutenden Verluste, die bis dahin ohne größeren Erfolg eingetreten waren. Durch einen Spion des Generals Grafen St. Priest war die — falsche — Meldung eingegangen, daß Napoleon selbst mit 20,000 Mann von Torgau her in Anmarsch sei**). Blücher hatte, wie wir schon gesehen, zur Entscheidung des Tages das Langeronsche Korps vorgehen lassen***); er hatte den Major v. Oppen mit der Wei-

---

*) Es ist unzweifelhaft, daß die feindlichen Truppen, welche in diesen beiden Meldungen bezeichnet worden, die schwache Abtheilung württembergischer Kavallerie war, welche längs der Elbe, oberhalb Bleddin, detachirt worden, und welche bei Bleddin ihre Division wieder zu finden glaubte.

**) Rühle v. Lilienstern, Rezension der Biographie Bülows von Varnhagen v. Ense. Militair-Wochenblatt 1847. Beiheft für Oktober—Dezember. S. XXI.

***) Blücher schien es nothwendig, die Russen durch einige Worte anzuregen. Er ritt an das Langeronsche Korps heran, forderte den russischen General Kern auf, ihm als Dollmetscher zu dienen, und rief den Truppen zu: „Ihr alten Moskowiter, Ihr habt Euren Feinden noch nie den Rücken gekehrt, — (gewaltiger Jubel!) — ich werde mich an Eure Spitze setzen, — Ihr sollt die Kerls, die Franzosen, angreifen; ich weiß, Ihr werdet ihnen auch heute nicht den Rücken zeigen — Paschollʼ!" Mit unbeschreiblicher Begeisterung setzten sich die Russen in Bewegung, als die Meldung einging, General Horn habe den Damm bei Wartenburg erstürmt. Das Langeronsche Korps wurde angehalten. Militair-Wochenblatt 1844. Beiheft für November und Dezember. S. 311.

sung zu dem Prinzen gesandt: „Wartenburg um jeden Preis im Rücken zu nehmen, da alle Angriffe in der Front vergeblich seien!"

Eben hatte der Prinz die mecklenburgische Eskadron und die halbe Batterie Nr. 1 dem Oberst-Lieutenant v. Lobenthal zugewiesen, was zu derselben Zeit geschah, als Oberst v. Warburg die Beaumontsche Kavallerie angriff; — er hatte also nur 2 Bataillone (das schlesische Grenadier-Bataillon und das Landwehr-Bataillon Kosecky), die zusammen etwa 6—700 Mann stark waren, und 9 Geschütze zur Disposition; er befand sich in einer üblen Lage, doch ließ er die Bataillone sofort rechts schwenken und antreten. Der dem Warburgschen Kavallerie-Angriff gefolgten halben Batterie Stern ließ er den Befehl zugehen, sich an die Bataillone heran zu ziehen*). Zur Kavallerie, welche nur eben das glückliche Gefecht bei Globig bestanden hatte, schickte er mehrere Adjutanten mit dem Befehle, sich sofort an ihn anzuschließen. Dies war aber nicht so leicht auszuführen; der Angriff selbst, die Verfolgung, das Zurücksenden der Gefangenen, sowie der eroberten Geschütze und Beutepferde, hatten die Eskadrons ziemlich aufgelöst, so daß auf ihre Unterstützung vorerst nicht gerechnet werden konnte.

In der Front vor Wartenburg wurde die Situation mit jeder Minute schwieriger, die Verluste an Menschenleben immer größer; hinter jedem Baum beinahe lag ein Verwundeter oder Todter**). Nirgends ging es vorwärts; dazu kam die Besorgniß, daß der Feind, dessen Stärke ja völlig unbekannt war, in die

---

*) Nach Major v. Sterns Angaben war der Prinz v. Mecklenburg von der Gruschicke aus zur Kavallerie nach Globig geritten. Nach derselben Quelle folgten die 5 Geschütze des Lieutenants Ziegler erst etwas später. Militair-Wochenblatt 1846. S. 224.

**) Am Abend, als nach dem Gefecht die Verwundeten aufgesucht wurden, fand mancher Kämpfer seine Gefährten todt. Um den Platz, wo dieselben gefallen, zu bezeichnen, schnitten Viele die Namen der Gebliebenen in die Rinde der nebenstehenden Bäume. Noch vor kurzer Zeit stand östlich des Sauangers ein Baum, in welchem die Worte: „Leb' wohl, Rohde!" eingeschnitten waren.

Offensive übergehen und den Prinzen von Mecklenburg abschneiden möchte. — Die Erfolge der Umgehung über Bleddin wurden immer sehnlicher herangewünscht; die Truppen standen zum Theil schon 8 Stunden im Gefecht!

York hatte, wie wir gesehen haben, anfänglich die Absicht gehabt, die 7. Brigade dem Prinzen folgen zu lassen, um so die Erfolge der Umgehung vollständiger und entscheidender zu machen; Hünerbein hatte schon den Befehl erhalten, mit der 8. Brigade die Stelle der 7. einzunehmen; doch hätte die Ausführung dieser Disposition zu lange Zeit fortgenommen. Eine schnellere Entscheidung war dringend geboten.

An der südöstlichen Gränze von Wartenburg, dem Angriff der 7. Brigade gegenüber, bildet der Damm einen einspringenden Winkel, hinter dessen nach Norden zu gelegenem Schenkel Wartenburg liegt; vor diesem Schenkel ist breites Wasser. Dagegen befindet sich vor dem nach Westen gelegenen Schenkel jenes Winkels kein Wasser, sondern ein sumpfiger Verbindungsgraben, zwischen zwei Theilen des ofterwähnten todten Elbarmes; hier sollte die feindliche Stellung durchbrochen werden. Hinter, also westlich des Verbindungsgrabens und eines unmittelbar dahinter liegenden Dammes, befindet sich der „Sauanger", an dessen westlicher Gränze der von Wartenburg nach Bleddin führende Hauptdamm liegt, so daß der Sauanger also östlich und westlich von Dämmen begränzt ist.

Der General York befahl dem Oberst v. Weltzien, mit den, auf dem rechten Flügel beider Treffen der 7. Brigade stehenden, Landwehr-Bataillonen Pettenkofer und Sommerfeld, Wartenburg in der rechten Flanke anzugreifen. General v. Horn sollte mit dem übrigen Theil der Brigade den Damm am Sauanger nehmen und das Dorf in der rechten Flanke umgehen, sobald die 8. Brigade, welche den desfallsigen abändernden Befehl erhielt, zur Unterstützung heran sein würde.

Oberst v. Weltzien rückte mit beiden Bataillonen in einer Linie rasch vor; das Landwehr=Bataillon Kotulinski folgte als Reserve. Als das Detachement aber gegen den oben erwähnten Verbindungsgraben kam, wurde es von einigen Bataillonen, welche hinter dem jenseits des Grabens befindlichen Damme aufgestellt waren, mit lebhaftem Gewehrfeuer empfangen; zugleich wurde das Terrain vor dem Graben durch Kartätschfeuer bestrichen. — Trotz aller Zähigkeit konnten die tapferen Bataillone nicht vorwärts, sie fielen ins Schießen und standen fest; — es ging wie bei Stein= metz! —

General v. Horn war inzwischen vorgeritten, um sich zu orien= tiren; es wollte mit dem Leib=Füsilier=Bataillon und mit dem Bataillon Thüringer auch nicht vorwärts gehen. Als er zurück kam, machte er seinem Aerger „über die Verzettelung der Brigade" mit kräftigen Worten Luft (es war dieselbe bis auf die beiden Musketier=Bataillone des Leib=Regiments und das Landwehr=Ba= taillon Reichenbach aufgelöst). Gleichzeitig erfuhr man von Adjutanten, wie zweifelhaft der Tag sei!

General v. Horn ließ das 2. Bataillon (Major v. Bose) rechts an die Feuerlinie heranrücken und die Jäger und Tirailleurs beider Musketier=Bataillone unter den Kapitains v. Holleben und v. d. Heyde rechts der Füsiliere in die Schützenlinie treten.

Der General ritt wiederum vor, um den Erfolg dieser Ver= stärkung zu beobachten; bald kehrte er unzufrieden zurück, äußerte: „so wie die Sachen gingen, würde man zu nichts kom= men", und bat den eben zur Stelle eintreffenden General York, ihn eine Entscheidung versuchen zu lassen, da er nicht glaube, die 8. Brigade abwarten zu dürfen*).

---

*) Der Offizier, welcher die 8. Brigade führen sollte, verirrte sich übrigens und brachte sie, statt auf den linken Flügel der 7., nach dem linken Flügel der 1. Brigade. Als sich der General v. Hünerbein von dort links wandte, war das Gefecht bereits beendet.

General York hatte inzwischen, wie schon berichtet, befohlen, daß Oberst v. Weltzien weiter rechts den Damm stürmen solle. Jetzt blieb er mit Horn halten, um den Erfolg dieser Anordnung abzuwarten. Als York das starke Schießen bei dem Weltzienschen Detachement hörte und daraus erkannte, daß es mit demselben nicht vorwärts gehe, wandte er sich mit den Worten zu Horn: „Ja, Horn, jetzt ist es Zeit!"

Das 2. Bataillon des Leib=Regiments erhielt sofort den Befehl, vorzurücken; das Bataillon Reichenbach folgte in einiger Entfernung; das 1. Bataillon des Leib=Regiments wurde heranbeordert.

Horn setzte sich an die Spitze des 2. Bataillons und ging durch die dichte Obstplantage gegen den erwähnten Verbindungsgraben. General York rief den Vorgehenden nach, „sich möglichst links zu halten, rechts sei tieferes Wasser!" — General v. Horn fand rechts die Bataillone des Oberst v. Weltzien im heftigsten Feuer. Auch das 2. Bataillon des Leib=Regiments erhielt Feuer; schon fing es an, dasselbe zu erwidern; da stürzte das Pferd des Generals, von einer Kugel getroffen, todt zusammen. Der Adjutant des Generals, Kapitain Graf Kanitz, rief: „Herr Jesus, da ist der General gefallen!" — „Hat sich was zu Herr Jesussen, helft mir von dem Pferde!" ertönte die Stimme des Generals. „Der Alte", sagt die Geschichte des Leib=Infanterie=Regiments, „arbeitete sich mit einem kräftigen Fluch hervor, ergriff das Gewehr eines erschossenen Musketiers und rief: „„dem Dinge da muß ein Ende gemacht werden; ein Hundsfott, wer noch einen Schuß thut! Zur Attake Gewehr rechts!"" Und Allen voran, durchwatete er den Morast; das Bataillon marschirte in Linie auf, hinter ihm her, auf den Wall, mit dem Bajonett, dem Feinde zu Leibe."

Das Landwehr=Bataillon Reichenbach folgte, die Reste des Leib=Füsilier=Bataillons hatten sich angeschlossen. Die feindlichen Tirailleurs ergriffen die Flucht, ebenso die als Soutien aufgestellten 5 Bataillone der Division Fontanelli.

Oberst v. Weltzien hatte nun ebenfalls mit seinen Bataillonen den Sumpfgraben nächst dem Röd=Kolk bis an den Gürtel durchwatet und den Damm erstiegen. Ein Theil der Brigade verfolgte den Feind, um ihm keine Zeit zu lassen, sich an dem jenseits des Sauangers, etwa 500 Schritt entfernt liegenden, bewachsenen Hauptdamm festzusetzen. Man sah dort einen französischen General vergeblich versuchen, die Flüchtlinge zum Stehen zu bringen.

Das Bataillon Sommerfeld (rechter Flügel des Oberst v. Weltzien) drang unter dem heftigsten feindlichen Feuer in das Dorf, wurde aber mit großem Verluste zurückgeworfen, als eine Abtheilung der Division Morand, mit Ungestüm aus dem Dorfe hervorbrechend, die Offensive ergriff.

Die bei der 7. Brigade noch befindlichen 3 Geschütze der Batterie Nr. 3 waren unter dem Lieutenant v. Neander dem Angriff des Generals v. Horn zwar gefolgt; es war aber ein Geschütz, an dem die Zugstränge gerissen waren, in dem Verbindungsgraben stecken geblieben; ein zweites Geschütz erreichte glücklich den Damm, nahm Position und beschoß den auf dem Damm vordringenden Feind mit Kartätschen; das dritte Geschütz zerbrach die Bracken, blieb stehen und gerieth in Gefahr, von den feindlichen Tirailleurs genommen zu werden. Glücklicherweise war das Landwehr=Bataillon Kotulinski in der Nähe; es wurde von seinem Kommandeur mit Hurrah herangeführt, und gelang es ihm, den Feind zurückzuwerfen.

Oberst v. Weltzien wurde inzwischen durch die Tirailleurs des 1. Bataillons des Leib=Regiments (Kapitain v. Holleben), gefolgt von dem längs des Dammes vorgehenden Bataillon, unterstützt. — Ueberall focht man mit der größten Tapferkeit. — Endlich gelang es — es war gegen $1/_2 4$ Uhr, — in das Dorf einzudringen und es den Franzosen zu entreißen; sie verließen es in Unordnung, und nur einige Artillerie, auf den Sandbergen aufgestellt, suchte zunächst die nachfolgenden Tirailleurs aufzuhalten, deren Führer (v. Holleben) vom General v. Horn den Befehl erhielt, jene Geschütze zu vertreiben. Die Geschichte des Leib-Regiments nennt die Lieutenants v. Chevallerie, v. Diezelski, v. Uklanski, Graf Lüttichau mit ihren Zügen, und den Lieutenant v. Koch mit der ganzen 8. Kompagnie, welche diesen Befehl ausführten und 2 Kanonen eroberten, wobei ein französischer Offizier, keinen Pardon nehmend, heldenmüthig geblieben sei.

Den südlichen Theil des Sauangers hielt der Feind länger fest; die örtlichen Hindernisse, namentlich der hier sumpfigere Verbindungsgraben, setzten den anstürmenden Bataillonen mehr Schwierigkeiten entgegen. Endlich ließ der Feind auch hier los.

Während der Kampf um den südlichen Eingang von Wartenburg wogte, sah General v. Horn, wie sich in seiner linken Flanke 2 feindliche Bataillone, welche den Leib-Füsilieren und den Thüringern gegenüber gestanden hatten, über den südlichen Theil des Sauangers hinwegzuschleichen suchten. Der General wandte sich mit zwei Landwehr-Bataillonen gegen sie, doch hielten sie nicht Stand und zerstreuten sich; — das ganze Feld jenseits des zweiten Dammes war mit Flüchtlingen übersäet, es waren meistens Bestandtheile der Division Fontanelli.

Prinz Carl v. Mecklenburg haben wir verlassen, als er durch den Major v. Oppen den Befehl des Generals en chef erhalten hatte, um jeden Preis Wartenburg im Rücken zu nehmen. Der Prinz hatte diesem Befehle entsprechend seinen Marsch fortgesetzt — I'; er hatte dem Oberst-Lieutenant v. Lobenthal, nach der zweiten Meldung des Kapitains v. Buddenbrock (daß sich die feindliche Kolonne wieder auf Torgau zurückgezogen habe), den Befehl geschickt, sich mit seinen Truppen wieder an ihn anzuschließen. Der Prinz selbst war mit seinem Stabe gegen Wartenburg vorausgeritten*), die beiden Bataillone und die halbe Batterie Stern,

---

*) Sollte etwa aus dem Umstande, daß der Prinz vorausgeritten ist, bei dem Lieutenant Stern die Ansicht entstanden sein, daß jener sich von der Gruschicke aus, zur Kavallerie begeben habe? Vgl. Anmerkung zu S. 68.

später auch die 5 Geschütze Ziegler*) — I'' folgten; man war bis an die etwa 800 Schritt westlich Wartenburg, an dem Wege nach Biedegast, stehenden Windmühlen gekommen und hatte dort Position genommen — I'''; nirgends waren feindliche Posten, nirgends Reserven zu sehen. Bertrand hielt sich augenscheinlich in der Flanke und im Rücken völlig sicher; er wußte nichts von dem Rückzuge der Division Franquemont, nichts von der Flucht der Brigade Beaumont; er war mit seiner ganzen Macht bei Wartenburg engagirt. Das Detachement des Prinzen war noch zu schwach, um seinerseits zum Angriff vorzugehen; es stand wohl schon ½ Stunde bei den Windmühlen, da stürmten ihm plötzlich feindliche Infanteriehaufen, mehrere tausend Mann, gefolgt von Geschützen und Munitionswagen in regelloser Flucht entgegen**).

Sowie sie das Detachement des Prinzen gewahr wurden, und demnächst Lieutenant Stern sie mit 2löthigen Kartätschen

---

*) Prinz Carl von Mecklenburg spricht bei dieser Gelegenheit nur von 8 Geschützen. Vgl. Militair-Wochenblatt 1846. S. 224. Sollte eins demontirt und zurückgeschickt worden sein?

**) Wir sind hier den Angaben des Majors v. Stern gefolgt (Militair-Wochenblatt 1846. Nr. 50 bis 52), obgleich wir, da das Detachement des Prinzen, bei seinem Marsche nach Wartenburg, nahe bei Theilen der Division Fontanelli vorbeigegangen sein muß, es schwer erklärlich finden, daß dasselbe ganz unbemerkt in die Nähe von Wartenburg gekommen und sich dort ebenfalls unbemerkt längere Zeit aufgehalten haben soll. Bei den bestimmten, dem Verfasser mündlich wiederholten Angaben des jetzigen Generals v. Stern fällt aber jeder Zweifel fort, und so ist nur anzunehmen, daß jene Theile der Division Fontanelli zur Zeit des Vorbeimarsches des Detachements des Prinzen, weit vorwärts, jenseits des westlichen Dammes am Sauanger, vielleicht schon am Dorfe selbst engagirt gewesen; und daß, als die Franzosen das Detachement an den Windmühlen bemerkt, sie geglaubt haben, die Division Franquemont habe, dem Befehle Bertrands gemäß, sich nach Wartenburg herangezogen und stehe zur Aufnahme der Divisionen Morand und Fontanelli bereit.

Bezüglich des anderweit erstatteten Berichtes, nach welchem der Haufen Flüchtlinge schon westlich der Kahlen Kaite dem Detachement des Prinzen entgegengestürmt sein soll, wird auf das Militair-Wochenblatt 1844, Beiheft November und Dezember, und auf die Anmerkung zu den oben erwähnten Angaben des Majors v. Stern hingewiesen.

empfangen ließ, flohen sie nach dem Dorfe hin zurück. Vier Schuß hatten genügt, um den ganzen wirren Haufen zur schleunigsten Umkehr zu veranlassen. Zwei Ordonnanz-Offiziere Bertrands kamen bald danach, da die Franzosen die Sternsche Batterie für die aus Versehen auf sie feuernde württembergische Batterie gehalten hatten (— so sicher war man bei Bertrand über die Verhältnisse in Bleddin!), auf die Batterie zugejagt; der eine wurde gefangen; sein Kamerad erkannte noch rechtzeitig den Irrthum und berichtete Bertrand über die Lage der Verhältnisse. Erst auf diese Meldung gab Letzterer das Gefecht auf und ertheilte den Befehl, Wartenburg zu verlassen.

Leider hatte der Prinz keine Kavallerie zur Hand, sonst würden viel Gefangene gemacht worden sein. Die Warburgsche Brigade, zu welcher der Befehl gesandt war, schleunigst heranzukommen, war wohl noch 3000 Schritt vom Feinde; die beim Oberst-Lieutenant v. Lobenthal befindliche Eskadron war ebenfalls noch weit ab; die Reserve-Kavallerie des Yorkschen Korps, unter General v. Jürgaß, welche zurückgehalten worden war, weil man sie in dem koupirten Terrain nicht gebrauchen zu können geglaubt hatte, ging zu dieser Zeit erst über die Elbe; die Kavallerie der Hornschen Brigade war bei den Brücken verblieben.

General v. Horn hatte eben nur seine Bataillone vereinigt, als er den hinteren Damm am Sauanger überschritt, halb rechts schwenkte und gegen die Sandberge avancirte, wo Bertrand unter dem Schutze seiner Artillerie die Division Morand gesammelt und nochmals Front gemacht hatte, um die Division Fontanelli aufzunehmen. Kaum eröffnete Horns Artillerie ihr Feuer, als der Feind den Rückzug in zwei Kolonnen antrat — PP, die Division Morand durch die „grobe Sau" längs der Elbe, die Division Fontanelli längs des Schleusengrabens.

Nach längerer Zeit erst, waren die Husaren des Prinzen von Mecklenburg wieder bei ihm eingetroffen; sie gingen sofort zur Attake vor; der Prinz schloß sich mit seinem Gefolge an. Ein ungeregelter Schwarm von Flüchtlingen, etwa ein Bataillon, hatte hinter dem Schleusengraben Front gemacht, um den Rückzug der fliehenden Kolonnen zu decken.

Die mecklenburgischen Husaren bogen rechts von diesem Bataillon aus, sie stürmten in die nächste feindliche Kolonne hinein und nahmen unter dem Feuer des Bataillons 4 Geschütze und mehrere Munitionswagen*). Der Theil der Kolonne, der attakirt war, lief, ohne zu schießen, auseinander, so daß sich der Prinz und seine Offiziere plötzlich mitten unter italienischen Soldaten befanden; jeder zog den Degen; die Italiener warfen jedoch auf den Zuruf: „à bas les fusils!" die Gewehre weg — QQ.

Die preußischen Husaren waren um das hinter dem Schleusengraben liegende Bataillon links herumgegangen und auf abziehende Wagenkolonnen gestoßen; sie nahmen noch eine Kanone, deren Rohr von der Laffete gestürzt war, und viele Munitions- und andere Wagen. Wäre mehr Kavallerie zur Hand gewesen, so würde eine große Zahl von Gefangenen gemacht worden sein; jeder berittene Offizier und jede Ordonnanz machte deren; selbst der weiter rückwärts folgenden Infanterie fielen dergleichen zu. Die schlesischen Grenadiere nahmen 2 Munitionswagen und berichteten, daß sie ebenfalls einen Adjutanten Bertrands gefangen genommen hätten**).

Ein Bataillon des Prinzen von Mecklenburg, mit der halben Batterie Stern, begleitete den fliehenden Feind südlich der Straße nach Dabrun; die halbe Batterie kam auch wiederholt zum Feuern. Das andere Bataillon und die Geschütze des Kapitains Ziegler blieben bei den Windmühlen stehen.

---

*) Die Eskadron des Rittmeisters v. Grävenitz II. soll sich hierbei besonders ausgezeichnet haben. — Reminiscenzen aus den Kriegsereignissen des 2. Leib-Husaren-Regiments in den Feldzügen 1813—1814. Zeitschrift für Kunst, Wissenschaft und Geschichte des Krieges. 37. Band. S. 228.

**) Bezüglich dieser Gefangennahme sind Zweifel entstanden. Vgl. Militair-Wochenblatt 1846. S. 219.

General v. Horn hatte also mit seinen Bataillonen vom zweiten Damme aus rechts geschwenkt, war dem Feinde bis auf die Höhen hinter Wartenburg gefolgt und schickte demselben von dort einige Kanonenkugeln nach. Nach der Geschichte des Leib=Regiments setzte Kapitain v. Holleben mit den Tirailleurs des 1. Bataillons, zwei Zügen des 2. Bataillons und den beiden Jäger=Detachements des Regiments, unter dem Lieutenant v. Uklanski, sowie mit einem Zuge des Landwehr=Bataillons Pettenkofer die Verfolgung des Feindes längs der Elbe bis an den Brückenkopf von Wittenberg*) fort. Kapitain v. Holleben wurde bei dieser Verfolgung durch die Bereitwilligkeit der Tirailleurs unterstützt, ohne welche er, bei dem Mangel an Soutiens und an Kavallerie, die Verfolgung nicht so weit hätte fortsetzen können. Die feindliche Arriergarde hatte Quarrées formirt und wurde, außer durch die Hollebenschen Tirailleurs, vom rechten Elb= ufer herüber, von der Gallinschen Hainichte aus, durch 2 mit den Franzosen in gleicher Höhe marschirende Geschütze der 12pfündigen Batterie Nr. 4 (Lieutenant Strebelow) — h und durch die halbe reitende Batterie Nr. 6 (Lieutenant Jenichen) — h" mit Erfolg beschossen, so daß die Franzosen weiter links ausbiegen mußten.

Vor Pratau, welches vom Feinde besetzt war, stellten sich die Hollebenschen Tirailleurs hinter dem Elbdamm auf; einen wider sie unternommenen Angriff wiesen sie zurück. Als gegen Abend, bei dem Eintreffen einiger Bataillone des Langeronschen Korps vor Pratau, Kapitain v. Holleben den Befehl erhielt, nach Wartenburg zurückzukehren, brachte das Detachement eine Kanone, 3 Munitionswagen und 80 Gefangene mit zurück. Die Kanone war von den Tirailleurs zur Beschießung der Flüchtlinge benutzt worden.

---

*) Soll wohl heißen bis Pratau, da dieses Dorf vom Feinde be= setzt war.

Als Oberst v. Steinmetz aus dem vordringenden Feuer wahrnahm, daß die 7. Brigade Terrain gewonnen, und demnächst der Feind seine Artillerie aus den bisher eingenommenen Positionen zurückzog, gab er dem Landwehr-Bataillon Mumm den Befehl, Wartenburg in der Front anzugreifen — O. Immer aber dauerte es einige Zeit, bis die sehr bedeutenden Terrainschwierigkeiten überwunden waren, bis der Verhau an der Brücke über den Streng aufgeräumt, der schmale überschwemmte Fahrweg überschritten, der Damm überstiegen, und das Dorf erreicht war, welches letztere soeben vom Feinde verlassen wurde. Die übrigen Bataillone der 1. Brigade folgten — OO, Wartenburg links lassend, vertrieben den dort noch festhaltenden Feind und verfolgten ihn, soweit es die sehr erschöpften Kräfte gestatteten*).

Zu dieser Zeit war auch die Reserve-Kavallerie des Yorkschen Korps über die Brücken gegangen und bei Wartenburg eingetroffen; das nasse, mit Gräben und Büschen durchschnittene Terrain längs der Elbe erlaubte indeß eine nachhaltige Kavallerie-Verfolgung nicht, nur eine Eskadron des 1. westpreußischen Dragoner-Regiments konnte sich an der Verfolgung der Division Fontanelli betheiligen**).

Auch die Avantgarde des Yorkschen Korps (Oberst v. Katzeler) war inzwischen bei Elster über die Elbe gegangen. Die Infanterie derselben erhielt den Befehl, bei der 8. Brigade zu bleiben; die Kavallerie dagegen ging unter Katzeler selbst gegen Pratau vor. Der Oberst wollte soeben seine Vorposten zwischen Boos und Pratau ausstellen, als die ihm nachgesandten Langeronschen

---

*) Wartenburger erzählen: Bei dem Abzuge der Franzosen sei Kavallerie (wohl Patrouillen des Bülowschen Korps) von der Gallinschen Hainichte aus durch die sogenannte Haegerinne über die Elbe geschwommen, Schützen — freiwillige Jäger — hätten sich an den Pferdeschwänzen festgehalten und seien mit hinüber geschwommen.

**) An die Spitze dieser Eskadron hatte sich der General v. Oppen, Kommandeur der Reserve-Kavallerie des Bülowschen Korps, gesetzt, nachdem er im Gefolge des Generals v. Blücher dem Treffen beigewohnt hatte.

Bataillone wieder nach Wartenburg zurückgenommen wurden. Katzeler ging in Folge dessen nach Dabrun zurück und stellte seine Vorposten rechts von der Elbe bis links, die Verbindung mit den Russen aufnehmend, aus. Blücher hatte nämlich die sämmtliche Kavallerie des Langeronschen Korps unter den Befehl des Generals v. Korff gestellt und gegen Kemberg vorgeschoben, welches durch Kosacken des Generals Emanuel besetzt wurde. General Jussoffowitsch mit 2 Dragoner-Regimentern, einem Kalmücken-Regiment und 2 reitenden Geschützen wurde die Elbe aufwärts gegen Trebitz geschickt; er ließ bis Dommitsch, Authausen und Söllichau patrouilliren. General v. Korff selbst blieb vorwärts Dorna.

Das Yorksche Korps, mit neuen Lorbeeren gekrönt, aber bis zu den letzten Kräften ermüdet, bivouakirte südwestlich Wartenburg, den rechten Flügel an das Dorf gelehnt — RR*). Das Langeronsche Korps bivouakirte links der Preußen**). Die Avantgarde des Sackenschen Korps traf erst um Mitternacht bei Elster ein. Blücher, York und Langeron nahmen ihr Hauptquartier in dem Schlosse zu Wartenburg***).

---

*) 4 Eskadrons Landwehr vom 5. und 10. Regiment 2 Bataillone der 7. Brigade, 2 Bataillone der 8. Brigade und die Infanterie der Avantgarde waren am linken Elbufer zurückgeblieben.

**) Andere Angaben sagen, daß das Langeronsche Korps „vorwärts des Dorfes" bivouakirt habe.

***) Die Nacht vom 2. zum 3. hatte Bertrand in dem Schlosse zu Wartenburg zugebracht. Den Beginn des Treffens soll er von dem nördlichst gelegenen (jetzt zugemauerten) Fenster der östlichen Seite des zweiten Stocks des Schlosses aus, beobachtet haben; — so erzählen die Wartenburger — dann sei er in das Gehöft des Kossäthen Ludwig (an dem südlichen Ausgange des Dorfes) gegangen, und obgleich er die Bagagen (sehr natürlich) bereits um 8 Uhr fortgeschickt, habe er (— vielleicht auch Fontanelli, der mit 9 Adjutanten bei Ludwig im Quartier gewesen sein soll) der alten Mutter des Hausbesitzers gesagt: „sie solle nur ruhig sein, die Preußen würden heute (am 3.) noch alle in die Elbe getrieben werden!"

Das Wartenburger Kirchenbuch sagt über den 3. Oktober, nachdem der Beginn des Treffens kurz geschildert ist:

General Graf Bertrand zog sich mit den Divisionen Morand und Fontanelli am Abend des 3. bis Klitzschena und Gohrau auf

---

„Früh Morgens um 8 Uhr begann die Retirade der französischen Bagage auf allen Seiten, und die unglücklichen Einwohner des Dorfes flüchteten. Ich, der damalige Pfarrer, bin zwar im Hause geblieben, allein in einer großen, noch nie gefühlten Angst und im Keller. Schon spielten die Preußen Granaten ins Dorf; Kanonenkugeln gingen zu verschiedenen Malen durchs Schloß; 3 Kugeln, 6pfündige, sind auf den Kirchenboden gefallen, und es ist sehr zu bewundern, daß das Dorf nicht in Flammen aufgegangen ist. Groß war unsere Gefahr, als hinter den Höfen, nahe an der Hengsthainichte, ein französischer Pulverwagen von den Preußen in die Luft gesprengt ward. Halb 2 Uhr (?) begann die Retirade der Franzosen auf allen Punkten. Die schlesische Landwehr erstürmte unter der Anführung des preußischen Generals Horn das Dorf; die schwarzen Husaren tournirten von Blebbin her die Franzosen und hieben fürchterlich ein, nahmen 16 (?) Kanonen, zwangen die Franzosen, auf ihre eigenen Leute zu schießen, und nicht weit von Bawel (eine Wiese) auf der sogenannten versenkten Lache wurde ein zweiter Pulverwagen in die Luft gesprengt ꝛc."

„Gegen 2000 Blessirte und Todte hat dieser Tag den tapferen Preußen gekostet, und wie der am 10. Oktober, nach der aus Kriegslist erfolgten Retirade der Preußen, bei mir, dem hiesigen Pfarrer, zum zweiten Male logirende K. Württembergische Divisions-General, Graf von Franquemont, versichert, hat das französische Armee-Korps an diesem Tage 300,000 und etliche 40 Patronen verschossen. Von 2 Uhr Nachmittags bis den 6ten Mittags gingen die Durchzüge der Russen und Preußen unaufhörlich fort. Der K. Preußische Feldmarschall v. Blücher, der General v. York, der General v. Horn, der Kronprinz von Preußen, Prinz Wilhelm von Preußen, Prinz Carl von Mecklenburg, General Gneisenau, die russischen Generale Langeron, Korff, Sacken, St. Priest und Mehrere hatten hier ihr Hauptquartier†).

Der geistliche Herr schildert darauf das Bivouak des Yorkschen und Langeronschen Korps, klagt, daß Alles verbrannt, ja selbst die Mühlen von den Russen bedeutend beschädigt seien. Er sagt ferner, daß „bei den damals so zerrissenen Herzen" an Schlaf gar nicht zu denken gewesen, schildert die Aufnahme der vielen Verwundeten in dem Dorfe und berührt, daß

---

†) Bemerkung des Verfassers: Nach einer, aus authentischer Quelle herrührenden Berichtigung waren Seine Königliche Hoheit der Kronprinz von Preußen bei dem Treffen von Wartenburg nicht gegenwärtig, wohl aber Ihre Königlichen Hoheiten der Prinz Wilhelm, Bruder Sr. Majestät des Königs Friedrich Wilhelms III., und der Prinz Friedrich von Preußen, welche Beide an dem Feldzuge 1813, Ersterer im Blücherschen, Letzterer im Yorkschen Hauptquartier Theil nahmen. — Von Sr. Königlichen Hoheit, dem Prinzen Wilhelm, sagt Schneidawin in seiner Biographie des Prinzen, daß derselbe, mit Blücher zusammen, die Brücke bei Wartenburg passirt habe.

dem Wege nach Oranienbaum zurück, um sich so dem 7. Korps zu nähern. Marschall Ney erhielt noch vor der Nacht Meldung von der Niederlage seines 4. Korps; er marschirte sofort mit dem 7. Korps von Dessau nach der Gegend von Delitzsch ab.

Ebenfalls noch am 3. schickte General Graf Franquemont die Meldung von dem Uebergange der schlesischen Armee über die Elbe nach Leipzig; er hatte die falsche Nachricht erhalten, Napoleon sei dort eingetroffen. Der die Meldung überbringende Offizier fand indeß nur den Marschall Marmont, der in der Besorgniß, der Feind werde bei Mühlberg übergehen, sein Korps auf der Straße dorthin en échelons aufgestellt hatte.

———

Der Verlust, den das Yorksche Korps am 3. Oktober erlitten, war sehr beträchtlich. Nach Plotho (Th. 2, S. 104) betrug derselbe:

An Todten: 11 Offiziere, 20 Unteroffiziere, 3 Spielleute, 268 Gemeine, 64 Pferde;

---

bis zum 10ten ein Korps zur Anlage von Verschanzungen bei Wartenburg zurückgeblieben sei. Er führt demnächst in einigem Widerspruch mit den Angaben der jetzigen Generation Wartenburger — die versichern, ihre Aeltern hätten einen großen Theil ihres Viehes nach dem Elbwerder, die Eichen, getrieben und so gerettet — fort: „189 Stück Pferde, über 200 geliefertes und genommenes Rindvieh, 364 Stück große und kleine Schweine, gegen 400 Stück Schafe und sämmtliches Federvieh hat diese Schreckenszeit den armen Wartenburgern und mir gekostet. Um aber das Unglück noch zu vermehren, wurden wir am 10. Oktober von Mittags 12 Uhr bis Abends 5 Uhr von einem russischen Freikorps geplündert, wobei die Menschen sehr mißhandelt wurden, und das Geraubte wurde sodann großentheils im Lager verbrannt."

„Drei Sonntage hinter einander ist es nicht möglich gewesen, Kirche oder Gottesdienst zu halten, und als es uns zum ersten Male wieder vergönnt war, die Kirche zu besuchen, da waren viele in Pantoffeln und sehr ärmlich, weil ihnen fast Alles genommen worden war, und Viele starben oder wurden bedeutend krank über die wiederholten gehabten Schrecke und die ausgestandenen ungewöhnlichen Aengste."

An Verwundeten: 56 Offiziere, 146 Unteroffiziere, 15 Spielleute, 1378 Gemeine, 50 Pferde;

An Vermißten und Gefangenen: 4 Unteroffiziere, 178 Gemeine.

In Summa: 67 Offiziere, 170 Unteroffiziere, 18 Spielleute, 1824 Gemeine, 114 Pferde;
mithin über 1/6 der fechtenden Truppen. Von diesem Verlust kommen auf die Truppen des

Obersten v. Steinmetz: 59 Offiziere, 963 Mannschaften;

Generals Prinz von Mecklenburg: 8 Offiziere, 351 Mannschaften;

Generals v. Horn: 26 Offiziere, 711 Mannschaften.

Den größten Verlust hatten:

das Leib=Füsilier=Bataillon mit 283 Mann, — das 1. Bataillon 2. ostpreußischen Infanterie=Regiments mit 234 Mann, — das Landwehr=Bataillon Walther mit 205 Mann.

Das tapfere 2. Bataillon des Leib=Infanterie=Regiments hatte nur 89 Mann Verlust.

Die Artillerie verlor 1 Offizier (verwundet), 47 Mann und 61 Pferde. — 2 Kanonen wurden demontirt. — Verschossen wurden 1160 Schuß, nämlich 276 Granatwurf, 725 Kugel= und 159 Kartätschschuß.

Die gebliebenen Offiziere waren*):

1. Sekond=Lieutenant und Brigade=Adjutant v. Pollack,

2. Sekond=Lieutenant v. Viettinghoff, vom 1. ostpreußischen Grenadier=Bataillon,

3. Sekond=Lieutenant v. Schafftenberg, vom Landwehr=Bataillon Seidlitz,

4. Sekond=Lieutenant v. Sack, vom Landwehr=Bataillon Walther,

---

*) v. Plotho ꝛc. 2. Th., Beilage XXIII.

5. Sekond-Lieutenant v. Erdmann, vom Landwehr-Bataillon Walther,

6. Sekond-Lieutenant v. Hirschfeldt, vom Landwehr-Bataillon Larisch,

7. Sekond-Lieutenant v. Hahn, vom 1. ostpreußischen Infanterie-Regiment,

8. Sekond-Lieutenant v. Bergfeld, vom 2. ostpreußischen Infanterie-Regiment,

9. Kapitain v. Boineburg, vom Thüringer-Bataillon,

10. Kapitain v. Fengwarth, vom Landwehr-Bataillon Sommerfeld,

11. Rittmeister v. Portugall*), vom 10. schlesischen Landwehr-Kavallerie-Regiment.

In Folge der erhaltenen Wunden starben später, der Stabs-Kapitain v. Puttkammer vom 1. ostpreußischen Grenadier-Bataillon und die Lieutenants v. Creilsheim und Hegewaldt vom Leib-Infanterie-Regiment.

Die verwundeten Offiziere waren:

Von den Stäben:

1—3. Premier-Kapitain Delius, Premier-Lieutenant Graf Henckel v. Donnersmark, Sekond-Lieutenant v. Löllhöffel.

Vom 1. ostpreußischen Grenadier-Bataillon:

4—7. Stabs-Kapitain v. Puttkammer, Sekond-Lieutenants v. Buddenbrock, v. Glasenapp, v. Gramsch.

Vom schlesischen Grenadier-Bataillon:

8—11. Sekond-Lieutenants v. Borck, v. Loewenstern, v. Seidlitz, v. Westorp.

---

*) Im Walde wurde ein Rittmeister v. Portugall, während ich mit ihm sprach, sammt seinem Pferde von einer Kanonenkugel erschlagen, die sonderbarer Weise ihm auf den Kopf und durch den ganzen Körper und durch das Pferd zugleich ging, so daß er wie verschwunden war. — Graf Henckel v. Donnersmark: Erinnerungen aus meinem Leben, S. 224.

Vom 5. schlesischen Landwehr-Infanterie-Regiment:

12—19. Sekond-Lieutenants v. Schulter, v. Riedel, Kapitains v. Gärtner, v. Wilde, Sekond-Lieutenants v. Geschke, v. Nitsche, v. Jrsich, v. Wengler.

Von der 6pfündigen Fuß-Batterie Nr. 2:

20. Sekond-Lieutenant Kurgas.

Vom 2. ostpreußischen Infanterie-Regiment:

21—32. Oberst-Lieutenant v. Siöholm, Kapitains v. Hippel und v. Suchten, Stabs-Kapitain v. Hochstetter, Sekond-Lieutenants v. Grabowsky, v. Rohr, v. Kortzfleisch, v. Werner, v. Rebenstock, v. Steps, v. Tirpitz, v. Bergfeld II.

Vom Landwehr-Bataillon Fischer:

33. Sekond-Lieutenant Rimpler.

Vom Leib-Infanterie-Regiment:

34—42. Oberst-Lieutenant v. Zepelin, Major v. Bose Stabs-Kapitain v. Kampz, Sekond-Lieutenants v. Beyer, v. du Plessis, v. Kranach, Hegewaldt, v. Manstein, v. Creilsheim.

Vom Thüringer Bataillon:

43—44. Sekond-Lieutenant v. Walther, Hauptmann v. Steuben*).

Vom 4. schlesischen Landwehr-Infanterie-Regiment:

45—48. Major Graf v. Herzberg, Sekond-Lieutenants v. Heinzke, v. Spiller, v. Sachse.

Vom 15. schlesischen Landwehr-Infanterie-Regiment:

49—57. Major v. Sommerfeld, Kapitain v. Malschitzky, Lieutenant Kiesel, Sekond-Lieutenants v. Strantz, Witte, v. Bähr, v. Wolf, v. Exner, Klose.

---

*) v. Eelking, Geschichte des Herzoglich Sachsen-Meiningischen Kontingents, berichtet: „dem braven Hauptmann v. Steuben wurden durch eine Geschützkugel beide Beine weggerissen".

Der Verlust des 4. französischen Korps war entschieden geringer, als der der Preußen. An Gefangenen verlor es etwa 1000 Mann, außerdem 11 Geschütze und 70 Munitions- und andere Wagen.

Die tapfere Division Franquemont hatte:
1 todten Offizier, Hauptmann v. Zinkernagel (blieb schon am 1. Oktober vor Elster), 7 verwundete Offiziere, Hauptleute v. Auer, v. Brecht, v. Langen, Lieutenants v. Rauchhaupt, Reinhardt, Brucken und Lindenmaier.

Die Division verlor außerdem 500 todte und verwundete Mannschaften, 5 Geschütze und 4 Munitionswagen.

In der Relation, welche General v. York über das Treffen bei Wartenburg erstattete, berichtet er zuvörderst über die getroffenen Anordnungen, sowie über den Hergang des Gefechtes. Ueberall spricht er mit vollkommenster Anerkennung von der bewiesenen Tapferkeit der Truppen. Am Schluß sagt er wörtlich:

„Das Gefecht hatte 8 Stunden gedauert und wurde durch die Vortheile, welche das Terrain dem Feinde gewährte, für meine Truppen sehr blutig. Der Verlust derselben beläuft sich an Todten und Verwundeten auf 70 Offiziere und gegen 2000 Unteroffiziere und Gemeine. Dem Feinde wurden 10 (11) Kanonen, 70 Patronenwagen und 1000 Gefangene abgenommen; der übrige Verlust desselben läßt sich nicht bestimmen, weil er seine Blessirten auf Wagen zurückgeschickt hatte."

„Der spezielle Antheil, welchen jede Truppenabtheilung an diesem Gefechte genommen hat, ist aus den Berichten der Herren Brigadiers und Kommandeure zu ersehen und hat der Kürze und Deutlichkeit wegen hier nicht aufgenommen werden können."

„Eine besonders ehrenwerthe Erwähnung verdienen indessen die Bataillone des rechten Flügels unter den Befehlen des Obersten v. Steinmetz, welche sich während 6 Stunden unausgesetzt in dem mörderischen Artillerie- und kleinen Gewehrfeuer befanden, das Vordringen desselben in der Front stets mit Nachdruck zurückwiesen und durch diese heldenmüthige Ausdauer zum Gelingen der Operationen auf dem feindlichen rechten Flügel wesentlich beitrugen."

In seinem Bericht an den König erwähnt General York Horns und seiner Heldenthat ganz vorzugsweise*). Auch über Oberst-Lieutenant v. Sjöholm spricht er sich sehr anerkennend aus und sagt von ihm: „das stille Verdienst dieses Offiziers hat sich am 3. auf eine glänzende Weise gezeigt. Er eröffnete das Gefecht, und der ungeheure Verlust, den das brave 2. ostpreußische Infanterie-Regiment unter seiner Anführung erlitt, bezeugt, daß er den Feind bis auf den mörderischen Punkt zurückgedrängt hatte, der später der Brigade Steinmetz so viele Menschen kostete. Er ist zweimal blessirt worden. Verbunden kehrte er nach der ersten erhaltenen Wunde ins Gefecht zurück und nur der zweite Schuß zwang ihn, es ganz zu verlassen**)".

Ueber Oberst v. Steinmetz hat York wohl gescholten, „daß er nicht so heftig hätte vorgehen, seine Leute hätte mehr schonen sollen; doch spricht er in dem oben erwähnten Bericht seine vollste Bewunderung des tapferen Obersten aus. „Oberst Steinmetz," sagt er, „hat an diesem Tage den schwersten Posten mit der ihm eigenthümlichen Kaltblütigkeit behauptet; mit seiner Brigade gegen das durch Wall, Morast und Verhau unangreifbare Wartenburg gestellt, bot er hier dem Feinde, während eines achtstündigen Gefechtes die Spitze, und nur hierdurch wurde es möglich, das Dorf von Bleddin aus zu umgehen, indem der Feind seine Kräfte gegen den Oberst Steinmetz konzentrirte"***).

---

*) Gleich nach dem Treffen hatte York Horns Tapferkeit schon öffentlich anerkannt, indem er sagte: „Horn, gegen Euch ist der Bayard doch nur ein Lump gewesen!"
**) Droysen, 3. Band, S. 108.
***) Droysen, 3. Band, S. 121.

Erwähnen wir hier gleich eine Ehrenbezeugung, welche York dem 2. Bataillon des Leib-Regiments zu Theil werden ließ. Es war am 4., wo das Yorksche Korps Mittags aus dem Bivouak bei Wartenburg aufbrach. Das Korps machte an diesem Tage nur einen kleinen Marsch bis nördlich Kemberg. York ritt mit den Truppen; während des Marsches blieb er halten und ließ sie in finsterem Schweigen an sich vorüberziehen. — Als das 2. Bataillon des Leibregiments, welches am Tage vorher am Sauanger zuerst den Damm erstürmt hatte, herankam, fragte er: „Ist dies das zweite Bataillon vom Leibregiment?" und als die Soldaten „Ja!" antworteten, nahm er seinen Hut ab und sprach die denkwürdigen Worte: „das ist das brave Bataillon, vor dem die ganze Welt Respekt haben muß!" So hielten er und seine Offiziere im strömenden Regen entblößten Hauptes, bis der letzte Mann des Bataillons vorübergezogen war. Dann bedeckte sich der General wieder und ritt weiter, ohne ein Wort zu sprechen. — Der alte Herr war bekanntlich nicht verschwenderisch mit Lobsprüchen; um so mehr erkannten alle Anwesenden die hohe Auszeichnung, welche er dem Bataillon zu Theil werden ließ*)

Sei es gestattet, hier noch aus anderem Munde eine Anerkennung des tapferen Leibregiments anzuführen, welches unmittelbar nach dem Treffen ausgesprochen wurde. — Beim 2. Bataillon fehlte gleich nach dem Gefechte die Fahne und mit ihr der Portepee-Fähnrich Kühne. Niemand wußte, wo sie geblieben; nur das war sicher, daß sie nicht in feindliche Hände gerathen war. Man vermuthete, der Fähnrich sei erschossen und liege irgendwo mit der Fahne. Lieutenant v. Pröck II. wurde mit

---

*) Nach der Geschichte des Leib-Infanterie-Regiments von v. Horn S. 310. — Vergl. Neue Preußische Zeitung 1863. Nr. 27. Beilage.

Diese seltene Ehrenbezeugung, sagt ein Zuschauer, sprach um so tiefer zu dem Gefühl, als nach den Worten Yorks, Niemand auch nur ein Wort sprach; — mit lautloser, achtungsvollster Stille ließ man das Bataillon vorüberziehen.

einigen Mannschaften abgeschickt, um die Fahne zu suchen. Hierbei kam er nach Wartenburg, wo er Blücher mit York und dem Prinzen v. Mecklenburg im Gespräch auf der Dorfstraße stehen sah. Als er sich beim General Blücher meldete, hörte er aus dem Munde des Prinzen die für das Regiment anerkennenden Worte: „Ja! der General Horn ist wohl zu beneiden, er hat das Leibregiment, und mit dem jagt er den Teufel aus der Hölle!" — Lieutenant v. Pröck fand übrigens die Fahne nicht. Erst spät Abends traf der Fähnrich Kühne mit der Fahne beim Bataillon wieder ein; er hatte sich bei der Verfolgung der Franzosen den Zügen des Lieutenants v. Koch angeschlossen gehabt und war endlich von diesem zurückgeschickt*).

Auch die schlesische Landwehr erhielt volle Anerkennung. York sagte von ihr: „nun hat die schlesische Landwehr auch mit allen Ehren das große Examen bestanden!" In seinem Bericht an den König bezeichnet er besonders das Landwehr=Regiment Nr. 5 (die Bataillone Mumm und Seidlitz waren vor Wartenburg, das Bataillon Kosecki vor Bleddin) als „vorzugsweise brav". An anderer Stelle sagt er, „daß die Bataillone Mumm, Seidlitz und Walther sich besonders hervorgethan haben".

Gehen wir nach Wartenburg zurück. Im Bivouak herrschte am Abend des 3. fröhliche und gehobene Stimmung. Horns That war in Aller Munde; allgemein staunte man, daß „der Alte" wiederum unverletzt davon gekommen, da er doch im heftigsten Feuer überall voraus gewesen war. Unmittelbar neben ihm war sein Adjutant, Lieutenant v. Manstein, schwer in der Brust, Major v. Bose durch einen Prellschuß, Oberst=Lieutenant v. Zepelin zum zweiten Male in dem Feldzuge verwundet.

---

*) Geschichte des Leib=Infanterie=Regiments S. 309.

Jeder Mitkämpfer trug das Bewußtsein in sich, an dem Großen, welches das York'sche Korps geleistet hatte, rühmlichsten Antheil zu haben! „Es fehlte nicht an Lebensmitteln und Lagerbedürfnissen", berichtet die Geschichte des Leib-Regiments; „die Soldaten schwelgten in dem Genusse der Pflaumen, welche die großen Obstplantagen darboten und schon während der Schlacht vielfach Liebhaber gefunden hatten. Daher der Name „der Pflaumenschlacht", den der Tag von Wartenburg erhielt.

Doch, — durch die heitere Luft des Lagerlebens ertönte am späten Abend von drüben, von der Bruchwiese herüber, der schauerliche Klang gedämpfter Trommeln. Die Truppen waren angewiesen, ihre Todten zu begraben. Wo Steinmetz mit seiner Brigade gefochten, lagen allein 300 Leichen!

Im großen Saale des gräflichen Schlosses, den die Kugeln nicht verschont hatten, waren Abends die preußischen und russischen Generale mit den Offizieren ihrer Stäbe zur Tafel versammelt. Blücher selbst war anwesend. „Der Wein war vortrefflich, das Gespräch belebt", erzählt Steffens*); „da nahm gegen den Schluß der Tafel das ganze feierliche Mahl eine bedeutende Wendung, es verwandelte sich durch den greisen Feldherrn in ein Trauermahl zum Andenken des verstorbenen Scharnhorst. Blücher nahm das Wort, nie hörte ich eine ergreifendere Rede, nie eine Darstellung der Verdienste des großen Kriegers anschaulicher, herrlicher, lebendiger vorgetragen. Er rief am Schluß derselben den Sohn des verstorbenen Helden zu sich; dieser, der es liebt, seine tiefsten Empfindungen durch ein ruhiges Aeußere zu beherrschen, mußte sich ihm gegenüberstellen und vermochte es nicht, seine Erschütterung zu verbergen."

Der König belohnte das tapfere York'sche Korps für das Treffen bei Wartenburg durch vielfache Verleihung des eisernen Kreuzes**).

---

*) Steffens. Was ich erlebte. Band 7, S. 277.
**) Der Verfasser hat nicht ermitteln können, wie viel eiserne Kreuze für Wartenburg verliehen worden sind; die Zahl muß der Tapferkeit der

York selbst erhielt durch Allerhöchste Kabinets-Ordre vom 31. März 1814 das Großkreuz desselben, „für seine vorzügliche Auszeichnung bei verschiedenen Gelegenheiten, wo er Truppen-Korps selbstständig geführt hat." Später, unter dem 3. Juni 1814, wurden er und seine Nachkommen unter Beilegung des Namens „York von Wartenburg" in den Grafenstand erhoben, und seinem Wappen der preußische Adler und das Schwert im Lorbeerkranz beigefügt.

Das Yorksche Korps war nur mit 22 Bataillonen, 8 Eskadrons und 28 Geschützen, also mit etwa 12,000 Mann, in das Gefecht gekommen. Nach der Angabe gefangener französischer Stabsoffiziere soll Bertrand 23,000 Mann stark gewesen sein.

Truppen entsprochen haben, denn bei der Jubelfeier am 17. März 1863 lebten noch 34 Ritter des eisernen Kreuzes, welche dasselbe für Wartenburg erhalten haben. Es waren dies: v. Bubbenbrock, General-Lieutenant a. D. zu Berlin; v. Frankhen, Oberst-Lieutenant a. D. zu Mainz; Graf Henckel von Donnersmark, General-Lieutenant z. D. zu Berlin; Schröders, Generalmajor z. D. zu Bielefeld; Cusserow, Oberst-Lieutenant a. D. zu Braunsberg; Fiebler, Major und Kreis-Steuer-Einnehmer a. D. zu Jauer; Gläser, Wehrmann a. D.; Arlt, Gefreiter a. D.; Stephan, Hauptmann und Haupt-Steuer-Rendant a. D. zu Königsberg i. Pr.; Räther, Hausvater bei der Land-Armen-Anstalt bei Wittstock; Schurzmann, Waldbläufer zu Kohlhöhe; Hering, Kanonier a. D. zu Pr. Eilau; Krause desgl. zu Kl. Bertung; Schmidt, Pr.-Lieutenant a. D. und Stadtrath zu Stettin; Meyer, Füsilier a. D.; v. Manstein, General-Lieutenant z. D. zu Frankfurt; v. Spillner, Generalmajor a. D. zu Koblenz; Krüger, Oberjäger a. D. zu Marienburg; Puhl, Gefreiter a. D. zu Schlegel; Wittstock, Sekond-Lieutenant a. D., Geh. Hofrath und Hof-Apotheker zu Berlin; Riedel, Sekond-Lieutenant a. D. zu Striegau; Fock, Füsilier a. D. in Eventin; Alban, Prediger zu Breesen in Mecklenburg-Schwerin; Ziethen, Unteroffizier in der Provinzial-Invaliden-Kompagnie Nr. 3.; Adler, Unteroffizier im Invalidenhause bei Berlin; Jonas, Mecklenburg-Strelitz'scher Thorschreiber zu Strelitz; Rückert, Archivdiener a. D. zu Berlin; v. Zimmermann, Rittmeister a. D. auf Langmeil; Jäschke, Sekond-Lieutenant und Rendant a. D. in Oels; Müller, Mecklenburg-Strelitz'scher Unteroffizier a. D. zu Pribbenow; Giese, Schneidermeister in Brandenburg; Klatt, Kassenschreiber zu Stralsund; Mandelkow, Unteroffizier a. D. zu Alt-Lietzegörike; Krüger, Bote zu Swinemünde.

Wir setzen in diese Angaben gerechten Zweifel und glauben, wie schon oben berührt, daß er kaum über 15,000 Mann stark gewesen sein kann. Bertrand hatte die vollste Begünstigung des Terrains für sich, namentlich fiel außer der Unwegsamkeit des Bodens schwer in die Wagschale, daß der rechte Flügel des preußischen Angriffs vollständig durch Geschützfeuer flankirt war, daß der lange und schwierige Zugang zu dem einzigen schmalen Durchgang, von dem aus, zwischen dem Elbdamm und dem Mohenhainichtgraben der Angriff auf Bleddin unternommen werden konnte, im feindlichen Feuer lag, daß der Feind hinter Wall und Graben stand und die in beschwerlichster Weise herannahenden Preußen meistens in Kreuzfeuer nehmen konnte, endlich, daß der Angriff zwischen jener festungartigen Stellung und einem breiten Strome unternommen werden mußte, über den nur zwei schmale Brücken führten, daß also im Fall eines unglücklichen Ausganges des Angriffes, im Fall einer erfolgreichen Offensive Seitens der Franzosen, das Yorksche Korps sich in äußerster Gefahr befand.

Um so mehr ist die Tapferkeit anzuerkennen, mit der das Korps eine Uebermacht in die Flucht jagte, welche in fester Stellung Position genommen hatte. — Das Treffen bei Wartenburg ist charakteristisch in Bezug auf das Yorksche Korps. Es ist zu bewundern das Nichtzurückweichen vor den hier besonders schwierigen Umständen, das Feststehen bei dem mal begonnenen Angriff, wo die Schwierigkeiten, je weiter der Angriff vorging, desto mehr an Bedeutsamkeit zunahmen; — es ist zu bewundern die Zähigkeit des Festhaltens, des Ausdauerns in dem einmal Unternommenen. Droysen sagt in dieser Beziehung sehr richtig: „Zu dieser Art des Kampfes muß der Führer völlig kalten Blutes, eisernen Willens, zähester Spannkraft sein; er muß sich auf seine Truppen völlig verlassen können, sie müssen ganz in seiner Hand sein. Die Truppen müssen wissen, daß, wo der Führer sich einmal eingelassen hat, der Ausgang, es mag biegen oder brechen, gewiß ist."

Wenn wir einerseits die von den Führern und Truppen bewiesene Tapferkeit und Ausdauer vollkommen anerkennen, so ist doch andererseits nicht zurückzuweisen, daß, wenn die Anordnungen zu dem Gefecht anderweitig getroffen worden wären, große Opfer an Menschenleben hätten erspart werden können. Eine gründliche Rekognoszirung des Terrains, welche, wenn auch bei den gegebenen Verhältnissen sehr schwierig, doch hier unbedingt geboten war, mußte ergeben, daß der Uebergangspunkt über die Elbe an jeder anderen Stelle vielleicht, besser angeordnet gewesen wäre, als gerade bei Elster, — sie mußte ergeben, daß ein Sieg hier nur mit größten Opfern erkauft werden konnte, um so mehr als es bei dem Verhalten der Nord-Armee nicht unmöglich war, daß Blücher es nicht allein mit dem vierten, sondern auch mit dem siebenten französischen Korps zu thun bekam.

Auch ohne vorgängige Rekognoszirung hätte ferner der einzige Zugang zu Wartenburg, der vor Bleddin liegende Paß am Elbdamm, schneller aufgefunden werden müssen, und nachdem er aufgefunden war, mußten die Anordnungen zur Fortnahme von Bleddin nachhaltiger getroffen werden, nachhaltiger durch frühzeitigere Disponirnng von Artillerie und Kavallerie, nachhaltiger durch Verstärkung der Infanterie des Prinzen von Mecklenburg, nachhaltiger durch wirkliche Verwendung des Langeronschen Korps als Reserve.

Bei den furchtbaren Opfern, welche der Kampf um Wartenburg forderte, und bei der ganzen Situation des Angriffs war es unausbleiblich, daß die eben erwähnten Bedenken hin und wieder schon während des Gefechtes bei den Truppen angeregt wurden. Sie wurden vielleicht in schärferer Weise besprochen, aus der bei einigen der höheren Offiziere der schlesischen Armee herrschenden Ungunst gegen Gneisenau. Der Uebergang wurde „wieder ein so unüberlegtes Stückchen, als es nur geben kann, das schlecht ausfallen werde" genannt; — ja diese oder eine ähnliche Aeußerung scheint York selbst gemacht zu haben; man erzählt sich sogar, er habe so etwas gesprochen, als „man wolle ihn auf die Schlachtbank führen", wogegen Blücher geäußert haben soll: „Der Schwerenöther, der York, ist schwer ins Feuer zu bringen; aber habe ich ihn einmal drin, so ist keiner besser, als er!"*) In seiner nun mal strengen, aber hier gewiß nicht ungerechten Auffassungsweise, bezog York alles Ungünstige, was ihm vor Wartenburg entgegentrat, auf eine zu geringe Würdigung der Verhältnisse bei der dem Korps gestellten Aufgabe.

Diese Aufgabe war maßlos schwierig. Wartenburg wäre gar nicht zu nehmen gewesen, wenn Bertrand Franquemonts Vorstellungen Gehör gegeben hätte, mit einem Worte, wenn der Mohenhainichtgraben und der Paß zwischen demselben und dem Elbdamm sicher besetzt gewesen wären. York selbst schreibt hierüber am 26. Juni 1821 an Valentini: „Hätte der Feind diese Stellung gehabt, so würde der Angriff in diesem fast unzugänglichen Terrain beinahe unmöglich geworden sein, nur der Versäumung dieser Terrainbesetzung und der Aufstellung des Feindes nahe vor dem Dorfe Bleddin ist das Gelingen des Tages zuzuschreiben"**).

Daß der richtige Angriffspunkt erkannt wurde, daß die Disposition zum Gefecht — das Yorksche Korps als alleinhandelnd betrachtet — den Umständen entsprechend gegeben wurde, daß die Ausführung bestimmt und sicher überwacht wurde, ist Yorks Ver-

---

*) Nach Droysen.

**) Es charakterisirt nur die Art und Weise, wie die französischen Schlachtberichte abgefaßt wurden, wenn Pelet in seinen principales opérationes de la campagne de 1813 der tapferen Division Franquemont den Verlust des Treffens zuschiebt und schreibt: „Les bords du Klein-Streng n'étaient pas occupés;" und weiter: „Morand défendit pendant six heures Wartenbourg, qui ne put être emporté. Les Württembergeois disputèrent à peine Bleddin, qui était presque aussi fort que le premier poste. Les brigades Hulot et Moroni garnirent l'intervalle entre les villages et arrivèrent trop tard pour soutenir les Württembergeois. (Spectateur militaire t. II. p. 30.)"

dienst. Das Blüchersche Hauptquartier hatte wohl keinen Antheil daran.

Wie es mit so manchen Kriegsereignissen ergeht, war es auch mit dem Treffen bei Wartenburg; erst die späteren Tage brachten völlige Anerkennung. Der Sieg war von dem preußischen Korps allein erfochten; höhere Rücksichten geboten Vorsicht in der Berichterstattung, doch war Oberst v. Müffling der in dem Blücherschen Hauptquartier die Berichte schrieb, wohl zu subtil, wenn er in den Berliner Blättern, bezüglich des Treffens am 3., York und sein Korps gar nicht erwähnt und nur den Muth der Landwehr hervorhebt*). Natürlich war über diese Zurückhaltung des verdienten Lobes große Mißstimmung im Yorkschen Hauptquartier. Major v. Schack sandte demnächst eine Beschreibung des Treffens durch Schleiermacher zur Aufnahme in den preußischen Korrespondenten, doch erfolgte der Abdruck derselben, ebenso wie der einiger anderweitiger Privatberichte erst später in den Tagen, wo das Interesse für dieselben durch die nachfolgenden größeren Ereignisse bereits sehr abgeschwächt war**).

Schon während des Treffens hatte Blücher einen Offizier an den Kronprinz von Schweden mit der Anzeige des erfolgten Ueberganges und mit der Anfrage, wo die Nord-Armee übergegangen sei, nach Zerbst abgesandt***); eine zweite auf einem Zettel mit Bleistift geschriebene Mittheilung, welche die Niederlage und Trennung des feindlichen Korps anzeigte, wurde dem mit einem Schreiben des Kronprinzen bei Blücher eingetroffenen Offizier mit zurückgegeben. In diesem Schreiben des Kronprinzen hieß es: „Je me trouve heureux de vous avoir pour voisin. Je

---

*) S. Haude- und Spenersche Berlinische Nachrichten Nr. 119 und 120 vom 5. und 6. Oktober 1813.

**) Preußischer Correspondent Nr. 113 vom 15. Oktober 1813 und Haude und Spenersche Berlinische Nachrichten Nr. 122 vom 12. Oktober 1813.

***) C. v. W. Zur Kriegsgeschichte der Jahre 1813. 1814.

vous envoie un officier de mon état major, afin que vous veuillez bien me faire savoir ou vous en êtes, pourque je puisse prendre mes dispositions etc.".

Trotz dieser Versicherungen hatte der Kronprinz aber die, von Roßlau und Aken aus zur Verdeckung des Ueberganges der schlesischen Armee über die Elbe, verheißenen Demonstrationen unterlassen.

Abends 6 Uhr sandte Blücher eine Meldung von dem Uebergange und dem Treffen an die Monarchen nach Teplitz.

Spät am Abend des 3. erhielt Blücher durch den Major v. Reiche, vom Generalstabe des Bülowschen Korps, die Nachricht, daß der Kronprinz am 5. über die Elbe zu gehen beabsichtige, diese Bewegung aber vielleicht schon am 4. ausführen werde, wenn er erführe, daß die schwedische Armee bereits den Uebergang ausgeführt habe.

Die nach dem Treffen, bei Wartenburg aufgeführten Befestigungs-Arbeiten.

Der Uebergang der Nord-Armee und die Vereinigung derselben mit der schlesischen Armee erschien gesichert. — Andererseits war es jedoch sehr möglich, daß sich Napoleon schleunigst und mit ganzer Macht auf die verbündeten Heere, die sich auf dem linken Elbufer befanden, werfen würde. Es erschien sonach nöthig, denselben bei Wartenburg eine Stellung zu verschaffen, in welcher sich mindestens 60,000 Mann, selbst gegen überlegene Kräfte, halten konnten.

Blücher beeilte sich, zu der Einrichtung einer solchen Stellung das Nöthige anzuordnen.

Noch am 3. wurden die erforderlichen Verabredungen getroffen. Es sollten im rechten Flügel drei geschlossene Werke auf den Sandbergen, eine Batterie von 50 Kanonen vor Wartenburg und eine von 100 Kanonen zwischen Wartenburg und Bleddin erbaut werden. Am 4. Vormittags beritten der General v. Gneisenau, der Oberst von Müffling und die Majors von Rühle und v. Oppen mit dem Chef des Ingenieur-Korps, General-Major v. Rauch, dem die Leitung des Baues jener Verschanzungen übertragen worden war, das zu verschanzende Terrain. Die Mehrzahl der übrigen Generale hatte sich angeschlossen. Mit Erstaunen erkannte man jetzt erst vollständig die Schwierigkeiten, die Tags vorher überwunden worden waren. Die Tapferkeit, mit der sich das Yorksche Korps geschlagen hatte, wurde allgemein anerkannt, selbst von den Russen, welche sich in den schmeichelhaftesten Ausdrücken gegen York ergingen*).

Dem General v. Rauch wurde bei Mittheilung seines Auftrages bemerkbar gemacht, wie die Umstände es dringend erheischten, daß die wesentlichen Bestandtheile des festen Lagers in kürzester Zeit zu Stande gebracht werden müßten, da wahrscheinlich entweder sehr bald, oder niemals, Gebrauch davon gemacht werden würde. Es hieß in der betreffenden Instruktion: „die Arbeit muß unausgesetzt Tag und Nacht fortgeführt werden, mit drei Abtheilungen, von denen jede vier Stunden arbeitet und sodann acht Stunden ruhet."

Es wurden dem General etwa 4000 Mann (die Landwehr-Bataillone Courbière, Reibnitz, Gfug und Kempski), 2700 Mann russischer Infanterie und außerdem vier Kompagnien Pioniere — 1/3 Preußen und 2/3 Russen — zurückgelassen, von denen jedoch nach mannigfachen Abkommandirungen nur etwa 3000 Mann zur Arbeit verblieben. Außerdem hatte der General die Vollmacht, nicht nur so viel Arbeiter 2c. durch das ihm beigegebene Kavallerie-

---

*) Langeron nannte York nie anders als „mon illustre camerade", worauf der alte Herr, in geringer Beachtung solcher Galanterie, stets mit dem förmlichsten „Ew. Excellenz" antwortete.

Detachement 2c. beitreiben zu lassen, als er gebrauchen könne, sondern auch sonst jede Anstalt zu treffen, welche zur schnelleren Vollendung des Lagers beizutragen geeignet sei.

Schanzzeug war nur für 1000 Mann vorhanden, außerdem fehlte es an Lebensmitteln. Es wurden Kommando's zu Requisitionen abgesandt, doch ging Alles nur sehr sparsam ein; statt tüchtiger Arbeiter sandten die Ortschaften Weiber, Greise, Kinder. Dazu kam, daß man von den Soldaten keine anstrengende Arbeit verlangen konnte, da der Mangel an Lebensmitteln sehr fühlbar wurde, und besonders die schlechtbekleideten Landwehren an Diarrhöen zu leiden anfingen.

Obgleich General v. Rauch die Arbeit mit größtem Eifer angreifen ließ, schritt sie unter solchen Umständen doch langsamer vor, als man im Hauptquartier erwartet hatte; augenscheinlich waren die zur Arbeit bestimmten Kräfte sehr überschätzt worden.

Die drei in der rechten Flanke angelegten Schanzen (die nächst Wartenburg gebaute Nr. 1., die weiter vor — links vom Weinberg — Nr. 2., die am weitesten vorpoussirte Nr. 3.) wurden den russischen Ingenieuren übertragen. Sie wurden am 7. vollständig fertig — SS.

Der Bau der Schanze Nr. 4. (zu 50 Kanonen) — T, welche in der Ebene angelegt wurde und die Front von Wartenburg decken sollte, wurde den preußischen Truppen zugewiesen. Die linke Flanke derselben lehnte sich an den Röd=Kolk, dessen jenseitiges Ufer verschanzt werden sollte — U. Man grenzte darnach an weitere Lachen, welche sich bis an das südlich des Sauangers befindliche Gehölz fortsetzten, welches letztere sich, in kleineren und größeren Intervallen mit Gräben und Sümpfen durchschnitten, bis nach Bleddin erstreckte, bei welchem Dorfe dann links die Elbe vorbeifließt. Mit dem Bau der Schanze Nr. 4. ging es langsam, da das Terrain nicht zu Hülfe kam, man auch bald auf Lehmboden stieß.

Am 7. ging der Befehl ein, daß die Verschanzungen sich bis nach Bleddin erstrecken sollten, daß dies Dorf mit in die Befestigung gezogen, dieselbe sogar bis Globig vorpoussirt werden sollte. Neben der sehr großen, mit den gegebenen Arbeitskräften nicht übereinstimmenden Ausdehnung des Projekts, traten lokale Schwierigkeiten aller Art entgegen. — Nichts desto weniger wurde mit allen Kräften fortgearbeitet. Die Schanzen des linken Flügels wurden abgesteckt, der Plan zum Ganzen entworfen und eine dritte Brücke über die Elbe projektirt — V. Man ging zunächst an die Vollendung der Schanze Nr. 4. Links von ihr, am jenseitigen Ufer des Röd-Kolks wurde der Bau der verbindenden Schanze (Anschluß) fortgesetzt.

In den Elsterschen Brückenkopf waren 100 Mann, halb Preußen halb Russen, postirt, und um einen etwaigen Ausfall der Besatzung von Wittenberg zu beobachten, eine Kavallerie-Patrouille von 1 Unteroffizier und 7 Mann zum Förster Fabricius nach dem Fleischerwerder (Dalrun gegenüber) postirt*).

Am 9. erhielt General v. Rauch den Befehl, die Schanzen bei Wartenburg zu verlassen und am 10. mit den ihm untergebenen Truppen bei Elster über die Elbe zu gehen, bei Roßlau auf das linke Ufer zurückzugehen und über Dessau zur Armee zu stoßen. Die Pontonbrücke bei Elster sollte abgebrochen werden**), 1 Bataillon und 20 Kavalleristen sollten in Elster bleiben, um den Tombour der Schiffbrücke zu vertheidigen. Dieser Befehl erklärte sich durch den Umstand, daß die Verbündeten durch inzwischen eingetretene Ereignisse veranlaßt wurden, den Strich zwi-

---

*) Die Studiosen Ackermann und Uschner und später der Professor Heubner und noch zwei Studiosen, welche letztere drei bei einem Spaziergange durch die preußischen Vorposten gefangen genommen wurden, brachten interessante Notizen über die Besatzung und die Verhältnisse in Wittenberg.

**) In dem Tagebuche des Krämers Rockland in Elster ist gesagt: „Am 8. Oktober: Sturm, Schiffbrücke zerrissen, wiedergemacht. ..... Am 9. Oktober: Die russische Pontonbrücke abgenommen, um 4 Uhr. — Am 10., ... Nachts 9 Uhr, die Kahnbrücke umschlagen lassen."

schen Mulde und Elbe zu verlassen. — In Elster wurde das Bataillon Reibnitz zurückgelassen. Die Schiffbrücke blieb noch einige Zeit stehen.

Die diesen Blättern vorgeschriebenen Gränzen verhindern uns, den General v. Rauch auf seinem schwierigen Marsche zur Armee zu begleiten. Der Marsch war schwierig durch die endlose Reihe von Pontons-, Munitions-, Lazareth-, Proviant- und Bagagewagen, welche der General zu eskortiren hatte, durch den Umstand, daß er bei Roßlau nicht über die Elbe zurückgehen konnte und bei Aken übergehen mußte, hauptsächlich aber durch Wünsche und Befehle des Kronprinzen von Schweden, welcher ihn in seinem Marsche bei Cöthen zu dem Zwecke aufhielt, um bei Aken eine zweite Brücke schlagen zu lassen*).

Auf die Vorstellungen des Generals v. Rauch, welcher wenigstens Zeit gewinnen wollte und zugleich auf die von ihm erbetenen Befehle des Generals v. Blücher hinwies, wurde der Befehl des Kronprinzen, durch dessen Chef des Generalstabes, General Baron Adlerkreutz, unter dem 14. wiederholt**).

---

*) Der Kronprinz motivirte diesen Befehl folgendermaßen:
Cöthen, ce 13. Octobre 1813.
..... Le général de Blücher se rend en marches forcées à Aken pour se réunir à moi et nous livrerons conjoinctement une bataille à l'ennemi s'il revient sur la rive gauche, ou nous passerons l'Elbe de vive force s'il reste sur la rive droite.

Pour que votre responsabilité soit à couvert, je Vous préviens que par une lettre de l'Empereur Alexandre je me trouve autorisé à donner des ordres au général de Blücher en cas de besoin. Vous reconnaitrez maintenant que le succès des opérations des armées alliées pourra dépendre de l'exécution de cet ordre.

Sur ce je prie dieu qu'il vous ait en sa sainte et digne garde.
(signé) Charles Jean.

**) Er schrieb:
En réponse à la lettre que Vous avez addressée au Prince Royal, Il m'a ordonné de Vous communiquer, que la nécessité d'établir sans perte de tems nos communications avec la rive droite de l'Elbe ne permet pas de perdre un instant pour jetter un pont à Aken; le succès de nos armes tient à cette communication. Vous ne Vous rendrez auprès du

Endlich mußten die Vorstellungen des Generals v. Rauch Gehör gefunden haben. Vielleicht waren in dem Hauptquartier der Nord-Armee gewisse Bedenken entstanden, ob man auch wohl berechtigt gewesen sei, den General aufzuhalten; vielleicht war man auch mit Recht besorgt, daß General v. Blücher, ob des Eingreifens in seine Befehle, bei den Monarchen Klage führen könnte. Nachdem schon General v. Bülow am 14. Mittags, im Namen des Kronprinzen, dem General v. Rauch den Befehl ertheilt hatte, nach Halle abzumarschiren, schrieb General Baron Adlerkreutz ebenfalls am 14. an General v. Rauch, daß der Kronprinz ihn einlade, dem ihm von General Blücher ertheilten Befehl Folge zu geben*).

Blücher war mit dem Aufenthalt des Generals v. Rauch nicht einverstanden, er verwies ihm das Abweichen von den ihm gegebenen Befehlen. Er sagt in dem bezüglichen Schreiben vom 14.:

„„ ꝛc. Ihre Königliche Hoheit haben sehr unrecht gehabt, Sie in den Anweisungen zu stören, die Sie von mir hatten, so wie

---

général de Blücher que lorsqu'elle sera établie. Du reste il peut être dangereux pour Vous et Votre corps de Vous mettre en route maintenant, ainsi le Prince Royal Vous dégage de toute espèce de responsabilité. Une fois le pont établi Son Altesse Royale a le projèt de marcher sur Halle. Vous pourrez alors sans danger joindre Votre armée.

Par ordre de Son Altesse Royale.

(sign.) Adlerkreutz.

*) Das besfallsige Schreiben lautet:

Cöthen, ce 14. Octobre 1813.

Monsieur le Général!

Les circonstances qui avaient porté S. A. R. le Prince Royal à désirer la jonction de Votre corps à son armée ayant changé, Son Altesse Royale Vous remercie Monsieur le Général des services que Vous avez rendus et Vous invite à suivre Votre première destination conformément aux ordres, que Vous avez du Général de Blücher.

Son Altesse Royale désire que Vous Vous mettiez en mouvement le plutôt possible et Vous invite à lui adresser avant Votre départ l'itinéraire de Votre route. J'ai l'honneur etc.

Votre très humble et très obéissant serviteur

(sign.) Adlerkreutz.

Sie hätten sollen bei Ihren Ordres bleiben", ꝛc. und ferner: „daß Seine Majestät der Kaiser Alexander mich unter die Befehle des Kronprinzen von Schweden gesetzt haben sollten, ist mir ebenso unbekannt, als daß ich nach Aken marschiren wollte".

General v. Rauch marschirte am 14. Nachmittags 3 Uhr, unmittelbar nachdem der Kronprinz ihn entlassen hatte, von Cöthen ab; die Pontons waren von ihrem Marsche nach Aken zurückgerufen und vereinigten sich bei Baasdorf mit dem übrigen Theil der Kolonne. Am 15. ging das Detachement nach Halle, am 16. ließ General v Rauch die Pontons und die Pioniere bei Giebichenstein über die Saale gehen, um bei Trotha eine Brücke über diesen Fluß zu schlagen. Die Truppen wurden zu ihren Korps entlassen und der General eilte nach Möckern, wo er zwischen 3 und 4 Uhr eintraf, im heftigsten Feuer noch einige Worte mit dem so eben verwundeten Prinz Carl von Mecklenburg=Strelitz wechselte und sodann den General v. Blücher aufsuchte, den er auf dem linken Flügel antraf.

Die nächsten Folgen des Treffens bei Wartenburg.

Gehen wir noch einmal nach Wartenburg zurück.

General v. Blücher gab für den 4. Oktober nachfolgende Disposition: „Die Avantgarde unter dem Oberst von Katzeler läßt Observationsposten vor Pratau zurück und dirigirt sich gegen Oranienbaum und Gräfenhaynichen, um Nachricht vom Feinde einzuziehen. Ein Detachement geht die Elbe entlang und sucht gegen Koswig die Kommunikation mit der Armee des Kronprinzen von Schweden."

„Die Avantgarde unter General=Lieutenant v. Korff (Korps Langeron) poussirt nach Düben, welcher Ort zu besetzen ist, um den Uebergang über die Mulde zu erhalten. Die bei Trebitz aufgestellten Detachements rücken bis Dommitsch vor, observiren

Torgau und schicken Detachements von leichter Kavallerie von Mukrehna auf die Straße zwischen Eilenburg und Torgau."

„Die Avantgarde des Korps von Sacken rückt nach Schmiedeberg und treibt seine Posten bis Falkenburg vor."

„Um 1 Uhr rückt

das Korps von York nach Lambsdorf und Rakitt;
 =   = von Langeron nach Dorna und Gabitz,
 =   = von Sacken nach Schnellin und Trebitz.

gez. v. Blücher.

Das Hauptquartier der schlesischen Armee verließ Wartenburg am 4. Nachmittags 4 Uhr und begab sich nach Kemberg.

Von der Nord-Armee ging am 4. das russische Korps von Wintzingerode bei Aken über die Elbe, die Avantgarde bis Cöthen. Das schwedische Korps passirte bei Roßlau die Elbe und ging nach Dessau, wohin auch der Kronprinz an diesem Tage sein Hauptquartier verlegte.

Am 5. gingen das Bülowsche und Tauentzien'sche Korps bei Roßlau über die Elbe; ersteres rückte bis Hinsdorf und Meilendorf in der Richtung auf Zörbig, letzteres blieb bei Pötnitz unweit Dessau auf dem rechten Mulde-Ufer.

Die Brigade Thümen (3. preußisches Korps) blieb vor Wittenberg, die Division Wobeser (4. preußisches Korps) vor Torgau, das Detachement des Generals v. Hirschfeldt zur Bewachung des Brückenkopfes bei Roßlau stehen.

Die beiden Armeen standen nun zwar auf dem linken Ufer der Elbe, zusammen etwa 130,000 Mann; doch folgten entscheidende Tage nicht sogleich. Die Nord-Armee zögerte mit weiteren Operationen, obgleich die schlesische Armee mit dem Hauptquartier bis Düben vorging.

Wir haben bereits erwähnt, daß Marschall Ney noch am 3. in Dessau, die Niederlage seines 4. Korps erfuhr. Er brach in der Nacht zum 4. mit dem 7. Korps auf und marschirte nach

Delitzsch, nachdem er sich bei Raguhn mit dem 4. Korps vereinigt hatte. Demnächst zog er sich auf das Marmont'sche Korps (6.) zurück, welches bei Wurzen stand und ihm bis Wöllaune (bei Düben) und bis Eilenburg entgegen gegangen war.

Es standen nun unter Ney's Oberbefehl zwischen Eilenburg und Delitzsch das 4., 6. und 7. Korps und die Division Dombrowsky (27.) des 8. Korps, ingleichen das 1. und das 3. Kavallerie-Korps, in Summa etwa 50,000 Mann, — schon schwächer als die schlesische Armee allein. — Die rückwärts stehen gebliebene Nord-Armee hatte keinen Feind vor sich.

Napoleon hatte erst am 2. Kunde von den Bewegungen der schlesischen Armee erhalten; er wußte aber nicht, wohin das Ziel dieser Bewegungen gerichtet war. Er glaubte, sie gälten einem Uebergange bei Mühlberg, hielt ihn aber nicht für nahe bevorstehend. — Da ging ihm in der Nacht vom 4. zum 5. die Meldung von den Ereignissen bei Wartenburg zu. Fast gleichzeitig erfuhr er das Vordringen der verbündeten Haupt-Armee von Böhmen her und die Flucht Jerome's aus Kassel. Er erkannte, daß er Dresden aufgeben und sich zunächst mit aller nur möglichen Macht auf die schlesische Armee und auf die Nord-Armee zu werfen habe. Er wollte wo möglich die drei verbündeten Heere, welche den Kreis um ihn her mehr und mehr verengten, einzeln schlagen, erst Blücher, dann den Kronprinzen von Schweden und schließlich den Fürsten Schwarzenberg, dessen Armeen links abmarschirend vom Erzgebirge in die sächsische Ebene herniederstiegen.

Noch in der Nacht zum 5. traf er für die Korps Reynier, Bertrand, Marmont, Souham und Macdonald (7. 4. 6. 3. 11.) und für die Kavallerie-Korps Latour-Maubourg, Sebastiani und Herzog von Padua (1. 2. 3.) die einleitenden Dispositionen zum Kampf gegen Blücher und den Kronprinzen von Schweden.

Nur die Korps Gouvion St. Cyr und Lobau (1. 14.) blieben in und bei Dresden. Der König von Neapel erhielt den Befehl mit den Korps Victor, Lauriston und Poniatowsky (2. 5. 8.), sowie mit dem Kavallerie-Korps Kellermann (4.) und einer Division des Korps Latour-Maubourg der verbündeten Haupt-Armee den Austritt aus den Pässen des Erzgebirges zu verbieten und so Napoleon, von Süden her, den Rücken zu decken.

Beilage 1.

Ordre de bataille des I. preußischen Armee-Korps im Herbst 1813*).

Kommandirender General: General-Lieutenant v. York.
Chef des Generalstabes: Oberst-Lieutenant v. Zielinsky.
                Adjutant: Kapitain Delius.
Ober-Quartiermeister: Major v. Klitzing.
Generalstab: Major W. v. Schack, Kapitain v. Dedenroth, Kapitain v. Löllhöffel, Lieutenant v. Wussow II.
Adjutantur: Major Graf v. Brandenburg, Major v. Diedrich, Kapitain v. Sulasinsky, Rittmeister F. v. Schack, Lieutenant v. Below, Lieutenant v. Röder.
Stabswache: Lieutenant v. Heydenaber, Lieutenant v. Buddenbrock.
Kriegskommissar: v. Reiche.
Stabsarzt des Korps: Dr. Völtzke.
   =   = Hauptquartiers: Dr. Hohenhorst.
Feldgeistlicher: Divisions-Prediger Schultze.

1. Brigade.

Kommandeur: Oberst v. Steinmetz.
Generalstab: Kapitain v. Kaufberg, Lieutenant v. Löllhöffel.
Adjutantur: Kapitain v. Lützow, Lieutenant Graf Henckel v. Donnersmark.

Infanterie.

Grenadier-Brigade: Major Hiller v. Gärtringen.
    1. ostpreußisches Grenadier-Bataillon (Major v. Leslie); Leib-Grenadier-Bataillon (Major v. Carlowitz); westpreußisches Grenadier-Bataillon (Major v. Schon); schlesisches Grenadier-Bataillon (Major v. Burghof); ½ ostpreußisches Jäger-Bataillon (Major v. Klütz) . . . . . 4½ Bat.

                                      Latus 4½ Bat.

---

*) Nach offiziellen Angaben. — Soweit die Nachrichten ausgereicht haben, ist die vorstehende Uebersicht nach dem Stande am 3. Oktober 1813 zusammengestellt, doch könnten durch Abkommandirungen, Verwundungen ꝛc. einige Angaben der Berichtigung bedürfen.

	Bat.	Esk.	Gesch.
Transport	4½	—	—

Landwehr-Brigade: Oberst v. Losthin.

5. schlesisches Landwehr-Infanterie-Regiment (Major v. Maltzahn): 1. Bat. (Breslau, Maj. v. Mumm); 2. Bat.*) (Breslau, Major v. Borwitz); 3. Bat. (Schweidnitz, Major v. Seidlitz); 4. Bat. (Breslau, Major v. Kosecky) . . . . (4) 3 — —

13. schlesisches Landwehr-Infanterie-Regiment (Major v. Gädike): 1. Bat. (Nimtsch, Major v. Larisch); 2. Bat. (Strehlen, Major v. Walther u. Cronegk); 3. Bat. (Oels, Major v. Rekowsky); 4. Bat. (Ohlau, Major v. Martitz) . . . . 4 — —

Kavallerie.

2. Leib-Husaren-Regiment (Major v. Stößel) . . — 4 —

Artillerie.

6pfd. Fuß-Batterie Nr. 2 (Lieutenant Lange) . . — — 8

2. Brigade.

Kommandeur: General-Major, Prinz Karl v. Mecklenburg-Strelitz.

Generalstab: Major v. Schütz, Lieutenant v. Riesenburg.

Adjutantur: Major v. Folgersberg, Kapitain v. Heinzmann.

Infanterie.

Brigade-Kommandeur: Oberst-Lieut. v. Lobenthal.

1. ostpreußisches Infanterie-Regiment (Oberst-Lieutenant v. Lobenthal): 1. Bat. (Major v. d. Schleuse), 2. Bat. (Major v. Kurnatowsky), Füs.-Bat. (Major v. Pentzig) . 3 — —

2. ostpreußisches Infanterie-Regiment (Oberst-Lieutenant v. Sjöholm II.): 1. Bat. (Major v. Dessauniers), 2. Bat. (Major v. Krauthof), Füs.-Bat. (Major v. Rummel) . . . . 3 — —

Latus	17½	4	8

---

*) Dies Bataillon blieb Mitte September in Görlitz zurück.

	Bat.	Esk.	Gesch.
Transport	17½	4	8

6. schlesisches Landwehr-Infanterie-Regiment
(Oberst-Lieut. v. Grumbkow † 23. August):
— Bat.*) (Major v. Fischer)   1   —   —

Kavallerie.

Mecklenburg-Strelitzsches Husaren-Regiment (Oberst-
Lieutenant v. Warburg) . . . .   —   4   —

Artillerie.

6pfd. Fuß-Batterie Nr. 1 (Kapitain Huet) . . .   —   —   8

7. Brigade.

Kommandeur: General-Major v. Horn.
Generalstab: Major v. Rudolphi, Lieutenant
  v. Manstein.
Adjutantur: Kapitain Graf v. Kanitz, Lieutenant
  v. Barfuß, Lieutenant v. Reibnitz.

Infanterie.

Linien-Brigade: Oberst-Lieutenant v. Zepelin.
  Leib-Infanterie-Regiment (Oberst-Lieutenant
    v. Zepelin): 1. Bat. (Major v. Oertzen),
    2. Bat. (Major v. Bose), Füsilier-Bat.
    (Major v. Ledebur)   3   —   —
  Bataillon Thüringer (Major v. Linker):
    ½ Bat. Garde-Jäger (Kapitain v. Bock) .   1½   —   —
Landwehr-Brigade: Oberst v. Weltzien.
  4. schlesisches Landwehr-Infanterie-Regiment
    (Major Graf v. Herzberg: 1. Bat. (Schweid-
    nitz, Major v.Courbiere)**); 2.Bat. (Hirsch-
    berg-Bollenhain, Maj. v.Kottulinsky)***);
    3. Bat. (Löwenberg, Major Graf v. Rei-
    chenbach)   3   —   —
  15. schlesisches Landwehr-Infanterie-Regiment
    (Oberst v. Wollzogen): 1. Bat. (Hirsch-

| | Latus | 26 | 8 | 16 |

---

*) Das Bataillon Fischer wurde Ende August nach dem Gefechte bei Goldberg aus den Resten der 4 Bataillone des Regiments (Liegnitz, Oels, Neustadt, Bollenhain) zusammengesetzt.

**) Die Bataillone Courbiere und Reibnitz waren am 3. Oktober bei Elster zum Schanzen kommandirt.

***) Das Bataillon war im September aus den Bataillonen Kottulinsky und Knorr zu einem Bataillon vereinigt.

	Bat.	Esk.	Gesch.
Transport	26	8	16

berg, Major v. Sommerfeld); 2. Bat. (Falkenberg, Major v. Pettingkofer); 3. Bat. (Leobschütz, Major v. Reibnitz)*); 4. Bat. (Neiße, Major Graf v. Wedell) . . . . . 4 — —

Kavallerie.

3 Eskadrons brandenburgischen Husaren-Regiments**) (Major v. Sohr) . . . . — 3 —

2 Eskadrons schlesischen Landwehr-Kavallerie-Regiments Nr. 3 (Major v. Falkenhausen) . . . . . — 2 —

Artillerie.

6pfd. Fuß-Batterie Nr. 3 (Kapitain Ziegler) . . . — — 8

8. Brigade.

Kommandeur: General-Major v. Hünerbein.
Generalstab: Kapitain v. Arnaud, Lieutenant v. Unruh.
Adjutantur: Lieut. v. Unruh, Lieut. v. Sellin I.

Infanterie.

Brigade-Kommandeur: Oberst-Lieutenant v. Borcke.
Brandenburgisches Infanterie-Regiment (Oberst-Lieutenant v. Borcke): 1. Bat. (Major v. Bülow), 2. Bat. (Major v. Othegraven), Füs.-Bat. (Major v. Krosigk) . . . . 3 — —

12. Reserve-Infanterie-Regiment (Major v. Laurens): 1. Bat. (?), 2. Bat. (Major v. Blücher), 3. Bat. (Hauptmann v. Lehwald) . . . 3 — —

14. schlesisches Landwehr-Infant.-Regiment (Oberst v. Gaza): 1. Bat. (Oppeln, Major v. Kempth II.)***), 2. Bat. (Löwenberg, Major v. Thiele), 3. Bat. (Löwenberg, Major v. Brixen)***), 4. Bat. (Ratibor, Major v. Gfug)***) . . . . 4 — —

Latus	40	13	24

---

*) Siehe Anmerkung 2 zu Seite 107.
**) Nach Plotho, 2. Theil Beilage II, nur 2 Eskadrons.
***) Nach Wagner, Schlachten und Treffen, 2. Heft S. 69, blieben die Bataillone Briesen (Brixen?) und Gfug an der Elbe stehen. Nach Droysen, 3. Theil S. 475, waren es die Bataillone Kempth II. und Gfug, die kommandirt zurück blieben.

	Bat.	Esk.	Gesch.
Transport	40	13	24

Kavallerie.

2 Eskadrons brandenburgischen Husaren-Regiments (Major v. Knoblauch)........	—	2	—
2 Eskadrons schlesischen Landwehr-Kavallerie-Regiments Nr. 3 (Major v. Kalinowsky)......	—	2	—

Artillerie.

6pfd. Fuß-Batterie Nr. 15 (Lieutenant Anders)..	—	—	8

Reserve-Kavallerie.

Kommandeur: Oberst Frhr. v. Wahlen-Jürgaß.
Generalstab: Rittmeister Frhr. v. Canitz, Lieutenant v. Bliesen.
Adjutantur: Major v. Paulsdorf, Lieutenant v. Below*), Graf Reuß LXIII, Graf Ingenheim.

1. Brigade.

Kommandeur: Oberst Graf Henckel v. Donnersmark.

Litthauisches Dragoner-Regiment (Oberst-Lieutenant v. Below)........	—	5	—
Westpreußisches Dragoner-Regiment (Oberst-Lieutenant v. Wuthenow)........	—	4	—

2. Brigade.

Kommandeur: Oberst-Lieutenant v. Katzeler.

Brandenburgisches Ulanen-Regiment (Major v. Stutterheim)........	—	4	—
Ostpreußisches National-Kavallerie-Regiment (Major Graf Lehndorff)........	—	5	—

3. Brigade.

Kommandeur: Major v. Bieberstein.

5. schlesisches Landwehr-Kavallerie-Regiment (Major v. Dzorowsky)........	—	4	—
10. schlesisches Landwehr-Kavallerie-Regiment (Major v. Sohr)........	—	4	—
1. neumärkisches Landwehr-Kavallerie-Regiment (Major v. Sydow)........	—	4	—

Artillerie.

Reitende Batterie Nr. 1 (Kapitain v. Zinken)..	—	—	8
= = = 2 (Lieutenant v. Borowsky)	—	—	8
Latus	40	47	48

---

*) Nach Plotho, 2. Theil, Beilage II.

	Bat.	Esk.	Gesch.
Transport	40	47	48

Reserve-Artillerie.

Kommandeur: Oberst-Lieutenant v. Schmidt.
Adjutantur: Lieutenant Erhard, Lieutenant v. Peucker.
Stabsoffiziere der Artillerie: Majors v. Rentzell,
  v. Grundmann und Fiebig*).
Ingenieurs: Major Markoff, Lieutenant v. Hülsen.

Batterien.

	Bat.	Esk.	Gesch.
12pfd. Batterie Nr. 1 (Lieutenant Witte)	—	—	8
= = = 2 (Lieutenant Simon)	—	—	8
6pfd. Fuß-Batterie Nr. 12 (Lieutenant Bully)	—	—	8
= = = 24 (Lieut. Barenkampf)	—	—	8
3pfd. = = 1 (Prem.-Lieut. v. Oppen)	—	—	8
Reitende Batterie = 3 (Lieutenant Fischer)	—	—	8
= = = 12 (Kapitain v. Pfeil)	—	—	8

Park.

Park-Kolonnen Nr. 1, 3, 5, 11, 13**).
Handwerks-Kolonne Nr. 2**).

Pioniere.

1. Feld-Pionier-Kompagnie (Lieutenant v. Lieber).
2. =   =   = (Kapitain Modrach)   ½   —   —

Summa totalis 40½ B. 47 E. 104 G.
Davon kamen am 3. Oktober 1813 zum Gefecht 22 B. 8 E. 28 G.

~~~~~~~~

Plotho giebt nach dem Waffenstillstande die Stärke der Bataillone durchschnittlich auf etwa 650 Mann, der Eskadrons auf etwa 140 Pferde an, so daß bei Wartenburg erstere durchschnittlich etwa 600 Mann, letztere etwa 125 Pferde stark gewesen sein können.

---

*) Plotho a. a. O. nennt als Kommandeur der Artillerie in der Linie den Major Huet.
**) Plotho a. a. O. nennt die Park-Kolonnen Nr. 1, 3, 5, 13 und die Handwerks-Kolonne Nr. 1.

Beilage 2.

Formation des 1. preußischen Armee-Korps am 3. Oktober 1813*).

Avantgarde.
Oberst v. Katzeler.
Kavallerie.

	Esk.	Gesch.
Brandenburgisches Husaren-Regiment	5	—
2. Leib-Husaren-Regiment	2	—
Brandenburgisches Ulanen-Regiment	4	—
Ostpreußisches National-Kavallerie-Regiment	5	—
5. schlesisches Landwehr-Kavallerie-Regiment	4	—
Reitende Batterie Nr. 2 (aus der Reserve-Artillerie)	—	8
	20	8

Infanterie.
Major Hiller v. Gärtringen.

	Bat.
Leib-Grenadier-Bataillon	1
Westpreußisches Grenadier-Bataillon	1
2. Bataillon 12. Reserve-Infanterie-Regiments	1
1. Bataillon brandenburgischen Infanterie-Regiments	1
Füsilier-Bataillon 2. ostpreußischen Infanterie-Regiments	1
Landwehr-Bataillone Rekowsky, Thiele, Wedell	3
3 Kompagnien Jäger	¾
	8¾

Brigade des Oberst v. Steinmetz.

	Bat.	Gesch.
1. ostpreußisches Grenadier-Bataillon	1	—
1. Bataillon des 2. ostpreußischen Infanterie-Regiments	1	—
Landwehr-Bataillone Fischer, Mumm, Seidlitz, Walter v. Cronegk, Larisch, Martitz	6	—
6pfd. Fuß-Batterie Nr. 2	—	8
	8	8

Brigade des General-Majors Prinz Karl v. Mecklenburg.

	Bat.	Esk.	Gesch.
Schlesisches Grenadier-Bataillon	1	—	—
1. ostpreußisches Infanterie-Regiment	3	—	—
2. Bataillon 2. ostpreußischen Infanterie-Regiments	1	—	—
Landwehr-Bataillon Kosecky	1	—	—
Latus	6	—	—

---

*) Nach Wagner, Schlachten und Treffen S. 66.

	Bat.	Est.	Gesch.
Transport	6	—	—
Mecklenburg-Strelitzsches Husaren-Regiment . . .	—	4	—
2. Leib-Husaren-Regiment	—	3	—
6pfd. Fuß-Batterie Nr. 1	—	—	8
5 Geschütze der 6pfd. Fuß-Batterie Nr. 3	—	—	5
	6	7	13

Brigade des General-Majors v. Horn.

	Bat.	Gesch.
Leib-Infanterie-Regiment	3	—
Bataillon Thüringer	1	—
Landwehr-Bataillone Sommerfeld, Pettingkofer, Reichenbach und Knorr-Kottulinsky	4	—
3 Geschütze der 6pfd. Fuß-Batterie Nr. 3	—	3
	8	3

Bemerkung. Die Landwehr-Bataillone Reibnitz und Courbiere waren zum Schanzen kommandirt. — Die Brigade Kavallerie, 2 Eskadrons schlesischen Landwehr-Kavallerie-Regiments Nr. 3, blieb an den Brücken von Elster. — 3 Eskadrons brandenburgischen Husaren-Regiments waren zur Avantgarde kommandirt.

Brigade des General-Majors v. Hünerbein.

	Bat.	Gesch.
2. und Füsilier-Bataillon des brandenburgischen Infanterie-Regiments	2	—
1. und Füsilier-Bataillon 12. Reserve-Infant.-Regiments	2	—
Landwehr-Bataillon Kempky	1	—
6pfd. Fuß-Batterie Nr. 15	—	8
	5	8

Bemerkung. Die Bataillone Briesen und Gfug blieben an der Elbe stehen. Desgleichen von der Brigade-Kavallerie, 2 Eskadrons schlesischen Landwehr-Kavallerie-Regiments Nr. 3. — 2 Eskadrons brandenburgischen Husaren-Regiments waren zur Avantgarde kommandirt.

Reserve-Kavallerie Oberst Frhr. v. Wahlen-Jürgaß.

	Est.	Gesch.
Litthauisches Dragoner-Regiment	5	—
Westpreußisches Dragoner-Regiment	4	—
10. schlesisches Landwehr-Kavallerie-Regiment . .	4	—
1. neumärkisches Landwehr-Kavallerie-Regiment . .	4	—
Reitende Batterien Nr. 1 und 3	—	16
	17	16

Beilage 3.

Ordre de bataille des 4. französischen Armee-Korps im Herbst 1813*).

Kommandirender General: Divisions-General Graf Bertrand.
Chef des Generalstabes: Divisions-General Taviel**).

12. Division.

Divisions-General Graf Morand.
Brigade-General Ligier-Belair 8. leichtes Infanterie-Regiment 2 Bats.
= = Toussaint 13. Linien-Infanterie-Regiment 5 =
= = Hulot 23. Linien-Infanterie-Regiment 4 =

11 B.

15. Division.

Divisions-General Fontanelli.
Brigade-General Martel 1. italienisches Linien-Infanterie-Regiment 2 =
4. Linien-Infanterie-Regiment 3 =
= = St. Andrea 1. leichtes italienisches Infanterie-Regiment 3 =
6. italienisches Linien-Infanterie-Regiment 2 =
= = Moroni Mailänder Bataillon 1 =
7. italienisches Linien-Infanterie-Regiment 3 =

14 B.

Latus 25 B.

---

*) Bezüglich der Infanterie-Divisionen, nach v. Bernhardi, Denkwürdigkeiten des Grafen v. Toll; bezüglich der Kavallerie nach Pelet und Starkloj.

**) Pelet giebt an:
Chef des Generalstabes: Brigade-General Delort.
Artillerie: Divisions-General Taviel.
Genie: Oberst Isoard.

                                              Transport 25 B.
                     38. Division.
General-Lieutenant Graf Franquemont.
General-Major v. Stockmayer württembergisches kom-
                           binirtes leichtes Ba-
                           taillon . . . . 1 Bat.
                           württembergisches 1.
                           kombinirtes Linien-
                           Infant.-Bataillon 1 =
   =   =   v. Döring   württembergisches 2.
                           und 3. kombinirtes
                           Linien-Infanterie-
                           Bataillon . . . 2 =
                                             ─────
                                             4 B.
                                     In Summa 29 B.

Frühere 24. leichte Kavallerie-Brigade (Württemberger) nur
   noch etwa 100 Pferde, dem Namen nach . . . . . 2 Esk.

              29. leichte Kavallerie-Brigade.
Divisions-General Beaumont.
Brigade-General Wolff Westphälische Garde-Chevauxlegers 4 =
                      Hessische Chevauxlegers . . . . 3 =
                      Baiersche Chevauxlegers (s. Anm.
                           zu Seite 4) 3 =
                                      ─────
                                      12 Esk.
                    Artillerie.
Nur noch 32 Geschütze*).

─────────

*) Diese Angabe ist nach Pelet. — Plotho, Th. II, giebt zu hoch 60 Geschütze an.
In Beilage XII zu Th. II sagt er, daß das 4. Korps im August 43 Geschütze gehabt habe.